L'Iran et la guerre civile syrienne

COLLECTION L'IRAN EN TRANSITION
Dirigée par Ata Ayati

Les dernières parutions

SHOJAEDDIN SHAFA, *Ce que la Perse a légué à l'Espagne médiévale. L'Histoire retrouvée*, 2023.

LAURENT GARREAU ET JEAN-CLAUDE VOISIN, *Le culte de Mithra du Mont-Dol au Mont-Saint-Michel Investigation historique et archéologique*. Préface de Delphine Davy, 2023.

JEAN DONNADIEU, *Un discours sur l'Orient. La leçon de Joseph-François Michaud*, 2023.

PATRICIA PIC-SERNAGLIA, *La Révolution iranienne dans le quotidien irakien* Ath-Thawra, Préface de Pierre-Jean Luizard. 2022.

JORIS CUYNET, *L'Iran sous sactions. Une société sous pression*. Préface de Michel Makinsky, 2022.

REZA ROKOEE, *L'intelligentsia iranienne moderne. Un paradigme reconsidéré*. 2022.

ABBAS ECHRAGHI, *Le mythe persan des jumeaux. Bien et Mal, fraternité inattendue*. Préface de Céline Redard, 2022.

MORGAN LOTZ, *Les Iraniennes. Permanence et métamorphose de la Femme en Iran*. Préface de Lucie Barraud, 2022.

ATA AYATI et **DAVID RIGOULET-ROZE** (dir.), *La République islamique d'Iran en crise systémique. Quatre décennies de tourments*, 2022.

Antoine Buzat

L'Iran et la guerre civile syrienne

Entre alliance stratégique et intérêts nationaux

Préface de Pierre Razoux
Postface de Thierry Coville

© L'HARMATTAN, 2023
5-7, rue de l'École-Polytechnique, 75005 Paris
http://www.editions-harmattan.fr
ISBN : 978-2-14-034617-0
EAN : 9782140346170

Je souhaite avoir une pensée émue et appuyée pour mes six compatriotes français détenus dans les geôles iraniennes.
Qu'ils soient libérés au plus vite !

Je souhaite également avoir une pensée pour toutes les victimes civiles de la guerre en Syrie mais également à travers le monde et particulièrement en Ukraine.

Remerciements

Je souhaite adresser à mes nombreux proches mes remerciements les plus sincères pour leur soutien ô combien nécessaire dans la lourde tâche de traiter ce sujet.

Je pense en premier lieu à ma famille qui m'a toujours soutenu dans ce que j'ai entrepris. Elle a été au rendez-vous lors de mon premier ouvrage, elle l'a été pour celui-ci. Je les en remercie très chaleureusement.

Ensuite, je souhaite remercier vivement Elodie, Natacha, Pauline, Maxime et Victor pour leur soutien très amical d'une part mais également pour les livres qu'ils m'ont offerts traitant de sujets en lien avec cet ouvrage.

J'adresse également mes plus sincères remerciements à mes camarades de promotion 2019-2020 du master 2 sécurité-défense de l'université de Toulon pour leur soutien indéfectible et tout particulièrement Lucas, Marc et Maxime pour leur aide précieuse lors de la phase de relecture de cet ouvrage.

Enfin, je remercie Maxence ainsi que mes actuels collègues et plus particulièrement Camille, Caroline, Mathieu, Marion, Pauline et Ryme pour leur aide et leurs critiques pour de cet ouvrage.

Une fois encore, je remercie vivement le professeur Laurent REVERSO de m'avoir conduit sur les rails de la rédaction et qui m'a motivé à faire publier mon mémoire en 2021. Je remercie également tous mes anciens professeurs qui m'ont transmis la passion de la recherche universitaire et de la géopolitique. Je pense notamment aux professeurs Louis BALMOND, Philippe DEZEREAUD et Loïc RAFFAELI.

Je souhaite remercier vivement Pierre RAZOUX d'avoir accepté et de m'avoir fait l'honneur de préfacer cet ouvrage ainsi que Thierry COVILLE de l'avoir postfacé.

En dernier lieu, je remercie chaleureusement monsieur Ata AYATI pour sa confiance, sa patience, ses conseils avisés et d'avoir accepté à nouveau de me publier.

Préface

C'est une excellente initiative des éditions L'Harmattan d'avoir créé la collection « L'Iran en transition ». C'est dans ce cadre qu'Antoine Buzat, diplômé de l'université de Toulon, qui, après avoir publié un premier ouvrage consacré à l'implication de la France pendant la guerre Iran-Irak, en publie un second intitulé L'Iran et la guerre civile syrienne. Il analyse et synthétise de nombreuses données de seconde main qui permettent de comprendre comment la Syrie, à la faveur de la guerre civile débutée en 2011, est progressivement devenue une case clé sur l'échiquier du Moyen-Orient. Rapidement, tous les acteurs régionaux et la quasi-totalité des acteurs globaux – à l'exception peut-être de la Chine – s'y sont impliqués pour pousser leurs pions et contrer ceux de leurs rivaux.

Décrypter le jeu de la République islamique d'Iran en Syrie sans connaître ces deux pays, sans maîtriser les arcanes de la géopolitique internationale, et sans avoir accès à des sources ou des témoignages de première main n'est pas chose facile, et Antoine Buzat a du courage – voire de l'audace – de s'être lancé dans l'aventure. Il n'empêche qu'il a eu raison de relever ce défi car nous manquons en France et en Europe de jeunes chercheurs prêts à s'investir dans une meilleure connaissance de l'Iran, tout particulièrement dans les universités de Province. Pendant près de deux décennies, l'Iran n'a été étudié que sous les prismes sociétaux et géographiques qui permettent d'avoir accès au « terrain » iranien sans susciter trop de méfiance des autorités locales. Le prisme géopolitique, qui interdit toute recherche de terrain en Iran, s'est focalisé depuis 2003 sur le dossier nucléaire, le seul à intéresser les autorités gouvernementales, délaissant ainsi très largement le champ de la *realpolitik* et de la géopolitique traditionnelle. C'est pourtant ce champ d'analyse qui permet de comprendre les ressorts véritables de l'engagement iranien en Syrie et du soutien sans faille de Téhéran au régime de Bachar al-Assad. Ils sont expliqués clairement dans cet ouvrage.

En France et en Europe, certains acteurs institutionnels proches des milieux intellectuels néoconservateurs ont par ailleurs découragé pendant cette même période (2005-2017) la connaissance universitaire de l'Iran et du persan pour ne pas créer un vivier de chercheurs et d'experts capables de contredire leur vision idéologique d'un pays qu'il convenait d'ostraciser. Cela ne signifie nullement que le régime iranien ne mérite pas les critiques qui lui sont souvent faites, il suffit pour s'en convaincre d'observer la manière dont il réprime sans pitié les manifestations qui se sont multipliées depuis septembre 2022, mais aussi sa pratique incessante des prises d'otages, vieille méthode ayant fait ses preuves depuis l'Antiquité lui permettant de faire pression sur ses interlocuteurs occidentaux ; rappelons au passage qu'en cette fin d'année 2022, le gouvernement iranien détient toujours sept otages français, comme au plus fort de la guerre Iran-Irak (1980-1988) au cours de laquelle les dirigeants iraniens n'avaient pas hésité à instrumentaliser leurs alliés libanais pour faire pression (attentats, kidnappings) sur les gouvernements français successifs afin qu'ils arrêtent d'armer et de soutenir l'Irak de Saddam Hussein, afin qu'ils libèrent des Iraniens emprisonnés en France impliqués dans l'élimination d'opposants au régime des mollahs, et qu'ils rendent à l'Iran les importantes sommes d'argent prêtées par le Chah dans le cadre du contrat nucléaire civil Eurodif. Aujourd'hui, les dirigeants iraniens reprochent à la France son alignement sur les États-Unis (notamment s'agissant des sanctions bancaires et économiques), sa posture sans concession sur le dossier nucléaire, sa bienveillance à l'égard d'Israël, son soutien diplomatique et militaire aux monarchies du Golfe et ses critiques acerbes à l'égard du non-respect des droits de l'Homme – et surtout des femmes – par le régime iranien.

L'approche académique ne consiste pas à juger un pays ou un régime, mais bien à analyser les faits avec le maximum d'objectivité pour décrypter les objectifs et les stratégies des uns et des autres. À cet égard, ceux de l'Iran paraissent aujourd'hui limpides :

– Assurer la survie d'un régime qui paraît à bout de souffle ;

– Capter le maximum d'investissements chinois sans tomber sous l'influence de la Chine ;

– Neutraliser un maximum de sanctions économiques, en privilégiant notamment les relations avec l'Asie pour renflouer les caisses de l'État afin de relancer l'économie et traiter les défis urgents auxquels fait face le pays, qu'il s'agisse de l'environnement (désertification et accès à l'eau douce), de la création d'emplois, de la construction de logements ou de la fuite de la jeunesse et des cerveaux ;

– Tenir à distance à la fois les États-Unis (en Irak et dans le golfe Persique) et Israël (dans l'ensemble de la région), mais aussi la Russie (en Syrie) et la Turquie (en Syrie et en Irak) ;

– Sécuriser l'axe stratégique terrestre permettant à l'Iran d'accéder à la Méditerranée afin de garantir son influence en Irak, en Syrie et au Liban (*Hezbollah*) ;

– Négocier de manière bilatérale avec l'ensemble de ses voisins pour stabiliser la région et promouvoir un système de sécurité inclusive qui reconnaisse le rôle incontournable de l'Iran ;

– Moderniser les forces armées iraniennes très largement obsolètes, notamment la marine et l'aviation, en jouant de la concurrence entre la Russie et la Chine ;

– Enfin, parvenir au seuil nucléaire, sans forcément le franchir, pour dissuader toute intervention militaire contre le territoire iranien et pour forcer le dialogue avec les Occidentaux.

Les lecteurs qui souhaitent en savoir plus sur les objectifs stratégiques de l'Iran (notamment au Moyen-Orient) et ses forces armées, avec leurs forces et leurs faiblesses, peuvent télécharger l'Atlas stratégique de la Méditerranée et du Moyen-Orient (1re édition 2022) disponible gratuitement sur le site Internet de la Fondation méditerranéenne des études stratégiques (FMES) : https://fmes-france.org/atlas-strategique-de-la-mediterranee-et-du-moyen-orient-edition-2022

L'invasion de l'Ukraine par la Russie en février 2022 a perturbé la stratégie du gouvernement iranien qui entretenait jusque-là de bonnes relations à la fois avec l'Ukraine et la Russie et qui comptait bien sur l'influence du Kremlin et la volonté de l'administration Biden de trouver un compromis pour défendre ses intérêts sur la scène internationale.

Aujourd'hui, la guerre en Ukraine et le désintérêt des États-Unis pour l'accord nucléaire (le *Joint Comprehensive Plan of Action* – JCPOA de 2015 est en état de mort clinique) ont contraint Téhéran à se rapprocher un peu plus de Moscou et de Pékin. Les manifestations populaires débutées en septembre 2022 après l'assassinat d'une jeune femme portant mal son voile par la police religieuse, qui se poursuivent malgré la violence de la répression, ont accru l'isolement de l'Iran et ont attisé la lutte de pouvoir qui oppose d'une part le clergé chiite soutenu par une minorité de généraux du corps des gardiens de la révolution (les fameux *pasdarans*) qui se sont enrichis grâce aux mollahs et qui les soutiendront jusqu'à la vingt-cinquième heure, et d'autre part la « garde montante » des pasdarans qui souhaitent accéder au pouvoir, soutenus par une partie des technocrates révolutionnaires. Ces derniers sont moins idéologues mais beaucoup plus nationalistes ; ils imaginent sans doute une évolution du régime à la chinoise ou à l'égyptienne. Sans remettre en cause l'existence même de la République islamique, ils souhaitent limiter le pouvoir du clergé et renvoyer les mollahs dans les mosquées, sans doute à l'occasion du décès d'Ali Khamenei, le Guide suprême âgé qui arbitre depuis trente-trois ans les luttes de pouvoir internes. Comme ils n'ont pas la légitimité morale et religieuse du clergé, il se pourrait qu'ils soient tentés par la légitimité internationale que leur conférerait indubitablement la possession de la bombe atomique, sans qu'ils aient forcément besoin d'en posséder beaucoup. Ces luttes de pouvoir auront sans nul doute des répercussions sur le théâtre syrien, comme l'évoque Antoine Buzat en fin d'ouvrage à travers cinq brefs scénarii d'évolution du conflit syrien.

Au final, je ne peux qu'encourager Antoine Buzat et tous les autres étudiants s'intéressant à l'Iran et à la géopolitique du Moyen-Orient à poursuivre leurs efforts et à mûrir leurs réflexions pour assurer progressivement la relève des experts de ma génération, et permettre ainsi aux institutionnels, aux centres de recherche, aux universités, aux entrepreneurs, aux élus de la République et aux journalistes de pouvoir compter sur un vivier de chercheurs capables de décrypter ce pays fascinant que reste l'Iran.

Pierre RAZOUX
Directeur académique de l'institut Fondation
Méditerranéenne d'Études Stratégiques

Abréviations utilisées

ASL	Armée Syrienne Libre
CCG	Conseil de Coopération du Golfe
CGRI	Corps des Gardiens de la Révolution iranienne
CNFOR	Coalition nationale des Forces de l'opposition et de la Révolution
CNS	Conseil national de transition syrien
CSNU	Conseil de Sécurité des Nations Unies
EAU	Emirats arabes unis
EI	État islamique
FDL	Forces de défense locale
FINUL	Force intérimaire des Nations Unies au Liban
FDN	Forces de défense nationale
FDS	Forces de défense syriennes
MEDOR	Méditerranée orientale

OMPI	Organisation des moudjahidines du peuple iranien
ONU	Organisation des Nations unies
OSDH	Observatoire syrien des droits de l'Homme
OTAN	Organisation du traité de l'Atlantique nord
PIB	Produit Intérieur brut
PKK	Parti des travailleurs du Kurdistan
SAVAK	*Sāzmān-e Ettelā'āt va Amniyat-e Keshvar*
UMP	Unités de mobilisation populaire
URSS	Union des républiques socialistes soviétiques

Avant-propos

J'ai choisi de m'intéresser au sujet de l'Iran dans la guerre civile syrienne que personne n'a encore traité véritablement en langue francophone. Si l'Iran est régulièrement cité dans les différents ouvrages relatifs à la guerre civile syrienne, ce n'est jamais véritablement approfondi et ne fait l'objet, en général, que d'un chapitre ou d'une sous-partie d'un ouvrage traitant de la guerre civile syrienne. C'est pour cette raison que j'ai voulu m'intéresser exclusivement à l'Iran et à son rôle pendant cette guerre. La méthode de travail et de recherche reprend les codes de la recherche universitaire en étant honnête et le plus transparent possible sur les sources et raisonnements utilisés.

La guerre civile syrienne est complexe à étudier de par la multitude d'acteurs engagés qui s'affrontent également entre eux. Ainsi, cinq blocs sont constitués. Le premier est composé du gouvernement loyaliste aidé par le *Hezbollah* libanais, l'Iran et la Russie ainsi que par la « Légion » iranienne. Le deuxième regroupe les rebelles syriens dits modérés de l'Armée Syrienne Libre soutenus par la Turquie, les États du Golfe et l'Occident. Le troisième bloc est allié au bloc précédent et regroupe alors les forces kurdes mais la Turquie, soutien de poids du deuxième bloc, combat également ces derniers à sa frontière. Cela témoigne de l'imbrication de tous ces blocs et acteurs. Enfin, les groupes terroristes et djihadistes comme *Daesh* ou encore *al-Qaïda* forment le dernier groupe.

Le conflit syrien est également devenu une guerre par procuration. Tous ces acteurs se battent entre eux, testent des armes, des stratégies dans l'éventualité probable d'un conflit majeur de plus grande et de plus forte intensité. La Syrie est devenue le laboratoire grandeur nature de toutes les expérimentations militaires de ces puissances. Pour preuve, lors d'une frappe en réaction à une attaque chimique présumée du régime syrien, l'armée française a, en 2018, tiré pour la première fois des missiles de croisière MCdN sur des cibles en territoire syrien. L'armée russe y teste également ses nouvelles doctrines d'engagement et ses nouveaux armements. Ce conflit ressemble, et il s'agit d'une vision tout à fait personnelle, si l'on devait faire un parallèle historique, à la guerre civile espagnole de 1936-1939 où la plupart des belligérants ou pays impliqués dans ce conflit (Allemagne, Italie, URSS, France, Royaume-Uni) se sont affrontés directement quelques années plus tard.

La guerre civile syrienne fait souvent la une des principaux médias occidentaux. L'Observatoire Syrien des Droits de l'Homme faisait état, en mars 2021, d'environ 594 000 morts au dixième anniversaire de ce terrible conflit. Au début, il était question dans la presse occidentale des crimes commis par le régime de Damas et progressivement, il a été question ensuite du rôle et de l'étendue fulgurante de l'État islamique. Damas ne doit son salut qu'à l'intervention directe et massive de l'armée russe décidée en 2015 mais également d'un soutien non négligeable de la part de Téhéran amorcé dès 2012.

Il est d'ailleurs très souvent question du rôle de l'Iran dans ce conflit. L'Iran est régulièrement accusé d'être l'auteur de frappes militaires en Syrie sur des lieux où sont présentes des forces de la coalition occidentale luttant contre les forces obscures de *Daesh*, ce qu'il nie en bloc. Ce conflit syrien arrive au bon moment pour l'Iran, enlisé par les sanctions internationales pour retrouver une place sur l'échiquier à la fois régional et international. L'Iran est devenu un acteur avec un poids non négligeable, un acteur sur qui l'on doit compter pour trouver une solution politique et pacifique au conflit syrien.

Ce livre a pour principal objet de remettre les événements à leur place, les faits dans leur contexte sans considérations politiques ou idéologiques, en énonçant simplement les faits tels qu'ils sont et en les analysant avec le recul que ceux-ci exigent. Il n'est pas question de revenir années par années sur le conflit syrien ou d'y évoquer les principales grandes batailles mais plutôt de se concentrer sur les raisons qui ont poussé Téhéran à épauler massivement Damas et les implications de cette aide massive à tout point de vue.

Effectuer toutes ces recherches sur les implications de l'Iran à différents niveaux devrait aider à mieux comprendre les raisons poussant l'Iran à aider ainsi Bachar al-Assad.

Introduction

La Syrie et l'Iran : entre convergences et divergences

> *« Jay alek el dor ya doctor »*
> *« Ton tour arrive docteur »*, slogan hostile à Bachar
> al-Assad, écrit par des enfants, février 2011

L'Iran et la Syrie sont deux États différents à tout point de vue. Tout d'abord, l'un est arabe, l'autre est perse. Le premier est une théocratie constitutionnelle tandis que le second est une république qui se veut laïque. Afin de mieux comprendre les imbrications actuelles entre ces deux États, il est nécessaire d'évoquer les relations entre la Syrie et l'Iran depuis 1979. Il convient d'expliquer la présence de la religion dans ces deux États et d'y étudier ses convergences et divergences. Il est également primordial d'analyser les éléments de rapprochements politiques, culturels et militaires entre l'Iran et la Syrie pour comprendre pourquoi l'Iran s'est décidé à intervenir en faveur du régime syrien, qui semble à tout point de vue différent de son homologue syrien. Enfin, il est nécessaire de revenir sur le déclenchement de la crise syrienne dans le contexte des Printemps arabes.

L'espace religieux complexe de la Syrie et de l'Iran

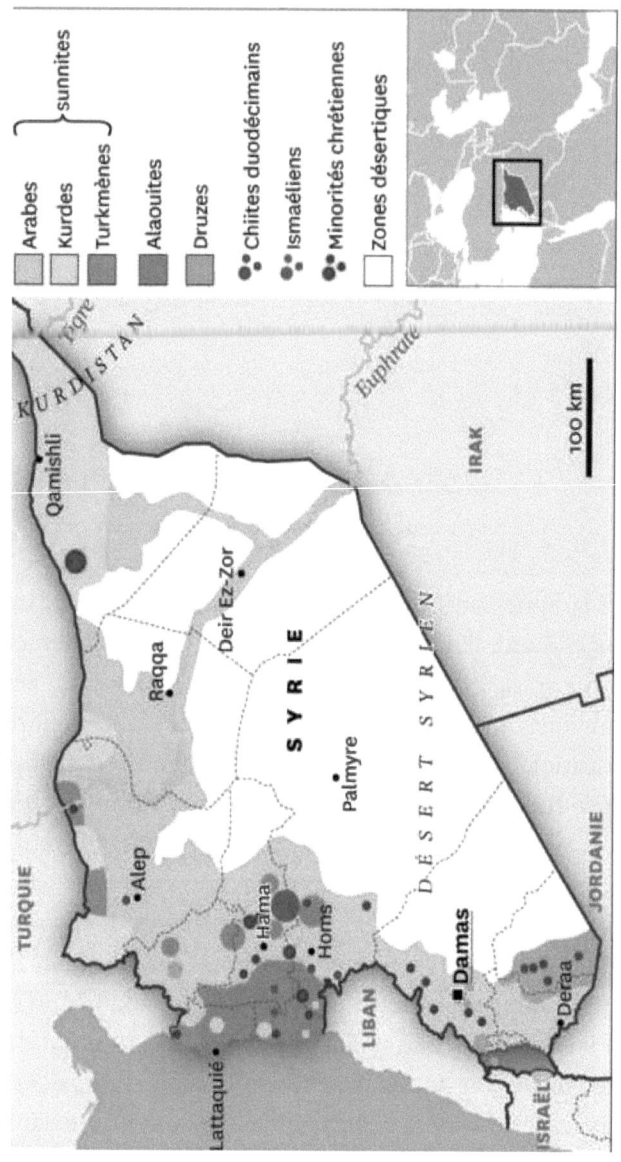

Répartition communautaire de la Syrie, avec l'autorisation de son auteur © Fabrice Balanche.

Le monde musulman n'est pas uni. Il y eut des schismes. La principale séparation est celle des sunnites et des chiites. Il y eut une scission en 632 dans le processus de dévolution de la direction du monde musulman de l'époque, entre les défenseurs de deux groupes. En effet, pendant le règne d'Ali, un clivage se cristallisa entre ceux qui s'appuyaient sur la sunna[1] (les sunnites) et ceux qui s'appuyaient sur le parti d'Ali (les chiites). Ali est assassiné en 661 et les chiites sont défaits à Karbala en 680 au cours d'une bataille où le fils d'Ali et Hussein, son successeur, sont tués. La famille d'Ali est recherchée par les sunnites établis à Damas et choisit l'Iran actuel pour se réfugier. Avec cet événement, un mouvement puissant de soutien à Ali est né et avec lui le chiisme. Les chiites réunissent environ 15 % de la communauté musulmane. Les chiites majoritaires sont dits duodécimaux car ils sont attachés à la lignée des douze imams descendants d'Ali. Dans le reste de la communauté chiite sont également présents les Druzes et les alaouites.

La Syrie est un État multiconfessionnel. La majorité de la population syrienne est de confession sunnite. Cependant, le pouvoir est concentré entre les mains de la minorité chiite qui représente environ 15 % de la population syrienne. Les alaouites la composent pour 12 % et les Druzes pour 3 %. Les Kurdes composent également le panorama religieux de la Syrie. Ils appartiennent tout de même à la confession sunnite bien qu'ils ne soient pas considérés comme faisant partie du monde arabe. Les Druzes appartiennent à une communauté assez mystérieuse. Leur interprétation de l'islam est secrète et réservée aux fidèles. On en compte

....
1   Il s'agit de la tradition du prophète Mahomet.

environ 700 000 en Syrie, 450 000 au Liban voisin et 120 000 en Israël. Les Druzes sont fidèles au pays sur lequel ils vivent. Par exemple, sur le plateau du Golan occupé, ce sont des supplétifs d'Israël. En contrepartie, Israël leur donne des avantages. Les alaouites, quant à eux, appartiennent à un courant datant du XIXe siècle. À l'origine, ce courant fut baptisé nosaïris et date du XIe siècle. Même si leur appartenance au courant chiite se déduit de la phase du chiisme du monde musulman, ils ont développé une forme de syncrétisme[2]. Ce dernier les a mis en porte-à-faux avec le reste des musulmans. Dès lors, les alaouites subirent les persécutions des Ottomans musulmans car leur vision s'accordait mal avec la vision unitaire de Dieu et d'*Allah* du reste des musulmans. Sous le règne de l'Empire ottoman déclinant, des religieux commencèrent à s'identifier comme étant des *alawi*[3]. Cela a été francisé en alaouite et utilisé par la suite pour remplacer son nom originel de nosaïris qui était fortement péjoratif. Le nom de leur confession a été donné par les Français pendant l'occupation du Levant (Syrie et Liban) pendant près de vingt années. Ils sont le résultat d'une vision coloniale et après la Première Guerre mondiale, il était également question de former un pays alaouite à l'ouest de la Syrie et du Liban actuels. Suite à l'indépendance du pays vis-à-vis de la France, en 1946, puis lors de la République arabe unie, la série de coups d'État que la Syrie connut permet aux alaouites, sous la direction d'Hafez al-Assad, d'atteindre le sommet de la société

....
2   Combinaison de doctrines, de systèmes initialement incompatibles.
3   MERVIN Sabrina, *Les alaouites de Syrie, une communauté ambiguë*, Islams politiques. Courants, doctrines et idéologies, Paris, CNRS Éditions, 2017, pp. 167-175.

syrienne. Ils intégrèrent notamment les forces armées de manière massive (80 % des officiers et 90 % des généraux syriens sont alaouites). Mais ils étaient en porte-à-faux vis-à-vis de la Constitution syrienne. Or, si les musulmans ne reconnaissaient pas les alaouites, la légitimité du chef de l'État syrien est remise en question. C'est pourquoi une *fatwa* chiite de 1973, par un imam chiite libanais, affirma que les alaouites étaient musulmans. Cette minorité restait mal vue par les Frères musulmans, ce qui expliqua certaines répressions sous le régime d'Hafez al-Assad, notamment à Hama en 1982.

En ce qui concerne l'Iran, le pays est devenu une théocratie constitutionnelle en 1979. Cependant, dès 1501, l'Iran ou plutôt la Perse connut une religion d'État : le chiisme duodécimain. Ainsi, le rôle d'intercesseur[4] appartenait aux imams. Ils faisaient le lien entre *Allah* et la cité des hommes. Le choix du chiisme s'est porté en opposition à la religion adoptée par le puissant rival voisin : l'Empire ottoman qui était sunnite et afin de marquer à la fois l'unité du peuple perse mais également sa singularité face à ses puissants voisins[5]. Cette conversion au chiisme put parfois se révéler brutale, notamment dans le nord-ouest de l'ancienne Perse. L'Iran est aujourd'hui un État d'environ 80 millions d'habitants. Selon les différentes données, entre 80 et 90 % de la population iranienne est de confession chiite. Le reste de la population iranienne est composé de minorités sunnites (environ huit millions de personnes), des baha'is (300 000

---

4   Signifiant celui ou celle qui intercède en faveur de quelqu'un. Les saints sont nos intercesseurs auprès de Dieu par exemple.
5   BOMATI Yves, « Comment l'Iran est devenu chiite », sur *Histoire et Civilisations* [En ligne], publié le 15 mars 2021.

personnes), des juifs (entre 15 et 45 000 personnes), des chrétiens (100 000 personnes) et de zoroastriens (30 à 45 000 personnes). Le chiisme iranien moderne était marqué par le rôle prépondérant de l'ayatollah Khomeiny. Il s'engagea dès le milieu des années 1960 dans l'activisme religieux pour faire face au péril qui guettait l'Iran selon lui. Péril du fait de la politique très autoritaire de la dynastie Pahlavi. Considéré comme ce que l'on pourrait appeler un extrémiste aujourd'hui, les plus religieux et les plus modérés ne le suivèrent pas contrairement à une partie de la population iranienne (classes moyennes et intellectuels radicaux). Envoyé en exil en 1963 dans l'Irak voisin, il lança sans cesse des appels au soulèvement face au despote de Téhéran. Une fois arrivé au pouvoir, il fit retranscrire dans l'acte législatif suprême, la Constitution, toute l'importance que la religion doit prendre. En effet, dès ses premiers articles, la Constitution iranienne est claire.

Introduction

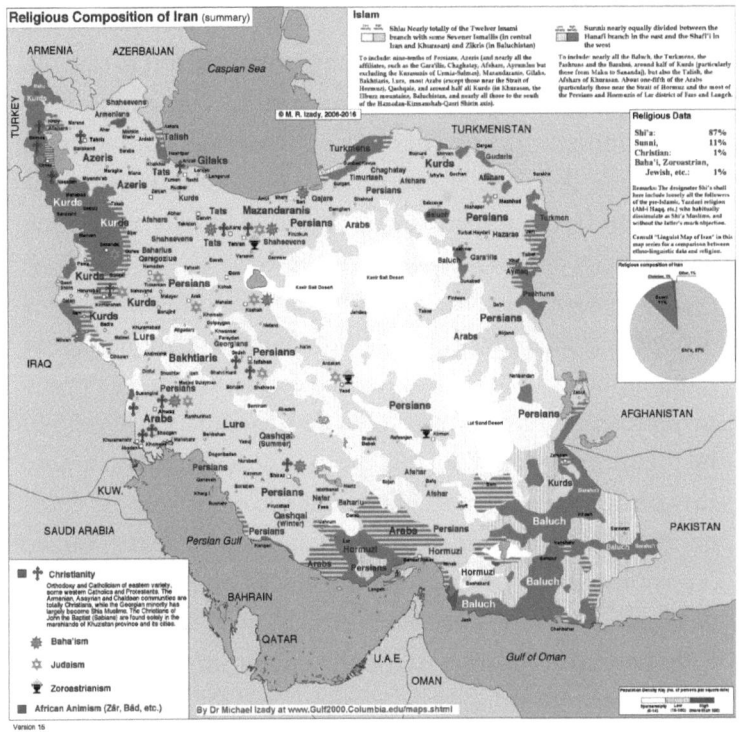

Répartition religieuse en Iran. Les sunnites sont représentés en marron, les chrétiens en rouge, les chiites en vert. © Michael Izady

L'article premier dispose que « *l'État iranien est une République islamique que la nation iranienne, sur la base de sa foi très ancienne dans le règne du droit et de la justice du Coran (...)* »[6]. L'article 4 mentionne que « *toutes les lois et tous les règlements civils, pénaux, financiers, économiques, administratifs, culturels, militaires, politiques et autres doivent être basés sur les préceptes islamiques. Cet article prime sur le caractère général*

---

6 La Constitution de la République Islamique d'Iran, Editions Alhoda, Téhéran, 2010, page 26.

et absolu de tous les articles de la Constitution et des lois et des règlements »[7]. La Constitution iranienne, en son article 13, protège uniquement trois des minorités religieuses citées précédemment. Il s'agit des juifs, chrétiens et zoroastriens. Il convient de rappeler que certaines de ces minorités religieuses en Iran sont persécutées en raison de leur foi comme les chrétiens protestants ou encore les baha'is.

Malgré tout, l'alaouisme et le chiisme présentent des divergences de taille. Tout d'abord, le chiisme iranien est la religion majoritaire en Iran tandis que les alaouites syriens ne représentent qu'environ 12 % de la population syrienne. Le premier est d'origine perse tandis que le second est arabe. Ensuite, les musulmans chiites sont reconnus comme étant des musulmans malgré les guerres confessionnelles existantes ou ayant existé. Ce qui n'est pas le cas pour les alaouites qui sont vus comme mécréants par les musulmans sunnites. Cela pose un problème particulièrement important car les alaouites ne sont donc pas reconnus par les autres musulmans en tant que tels. Ces difficultés de reconnaissance par le monde musulman expliquent le fait que le président Hafez al-Assad n'ait jamais rencontré l'ayatollah Khomeiny car ce dernier ne le considérait pas comme un musulman. Au niveau de l'organisation religieuse, des divergences conséquentes existent. Les alaouites syriens ne bénéficient pas d'imams ou de mosquées. L'héritage se fait uniquement par la famille et les conversions sont alors compliquées. Le culte alaouite se rattache au chiisme à travers sa reconnaissance du onzième imam chiite descendant d'Ali mais s'éloigne du chiisme duodécimain par sa non-reconnaissance du douzième imam.

....
7   *Ibid.*

Selon les alaouites, Hasan al-Askari[8] aurait transmis l'essentiel de leur doctrine religieuse à Noseïris, fondateur officiel de l'alaouisme. Les alaouites rejettent également le pèlerinage à La Mecque. D'un point de vue sociétal, ce qui différencie également l'alaouisme syrien du chiisme iranien est qu'en Syrie, les femmes ne portent pas le voile islamique dans la rue, que les citoyens peuvent boire de l'alcool librement et ne suivent pas la charia.

Bien qu'étant religieusement opposées, la République arabe de Syrie et islamique d'Iran adoptent une pratique du pouvoir similaire notamment en réprimant drastiquement toute opposition.

Deux fonctionnements de régimes similaires

Bien que l'Iran et la Syrie adoptent deux modèles juridiques et sociaux différents, l'un est une république théocratique, l'autre une république laïque, les deux pays adoptent un même modèle de pratique du pouvoir. En effet, les deux s'apparentent à des régimes autoritaires, voire dictatoriaux sous couvert d'élections à échéances plus ou moins rapprochées.

En Syrie, la vie politique est prisonnière du clan al-Assad depuis l'arrivée au pouvoir de son père Hafez al-Assad en 1979. Le pouvoir syrien repose alors sur quatre piliers : l'armée, les services de sécurité, le parti Baas et la minorité alaouite. Cette dernière détient tous les pouvoirs et tous les postes les plus prestigieux aussi bien de la vie civile que de la vie militaire. Il s'agissait pour Hafez al-Assad de conduire

---

8   Il s'agit du onzième imam pour les chiites duodécimains et les alaouites.

le clan auquel il appartenait à ces postes prestigieux au moyen d'une politique appelée mouvement de correction[9]. L'hégémonie alaouite en Syrie s'opérait par une grande brutalité contre les opposants au régime. Il convient de se souvenir de la répression féroce des Frères musulmans syriens dans la ville syrienne de Hama en 1982, un massacre à huis clos, où près de 10 000 membres des Frères musulmans syriens furent tués. Bachar al-Assad poursuit l'œuvre de son père en nommant ses proches à des postes de prestige.

L'Iran connut une révolution islamique en 1979 renversant la dynastie impériale au pouvoir. L'ayatollah Khomeiny, de retour en Iran, dut alors faire taire les opinions les plus modérées qui gravitaient autour de lui. D'impitoyables exécutions sommaires eurent lieu. Le clergé chiite possède une mainmise absolue sur le pouvoir. Des règles très sévères encadrent les candidatures à l'élection présidentielle : il faut être un homme, être âgé de 40 à 70 ans, appartenir à un parti islamiste reconnu par le pouvoir, être titulaire d'un master, avoir une expérience d'au moins quatre ans à des postes de direction et un casier judiciaire vierge. Le pluralisme politique n'existe pas en Iran, aucun parti d'opposition n'est reconnu. Le Conseil des gardiens de la Révolution écarte ainsi des centaines de candidatures à chaque élection présidentielle. La plus connue à une date récente est la candidature rejetée de Mahmoud Ahmadinejad en 2021.

Dans ces deux régimes, la répression des oppositions est féroce et sans pitié. Souvenons-nous du président syrien Bachar al-Assad, invité sur la chaîne de télévision française France 2, en juillet 2008, et qui pendant ce temps-là, organisa

---

9   FEKI Masri, *L'axe irano-syrien*, Paris, Editions Studyrama perspectives, 2007, page 67.

un massacre de prisonniers dans les prisons syriennes à huis clos. L'Iran ne fit guère mieux. En 2009, une révolte voire une insurrection prit place après les élections présidentielles de 2009 reconduisant le président sortant Mahmoud Ahmadinejad. La répression policière fut brutale contre les manifestants. Actuellement, depuis septembre 2022, l'Iran subit certainement le plus grand mécontentement populaire depuis 2009 et les manifestations sont très sévèrement réprimées.

Iran-Syrie : une alliance régionale contre nature ?

Les relations entre la Syrie et l'Iran datent de plus d'un demi-siècle. Elles commencent au moment où la Syrie obtient son indépendance vis-à-vis de la France en 1946. L'Iran fut le premier État à reconnaître la Syrie.

Cependant, ce qui scella définitivement les liens peu évidents à première vue entre les deux pays fut tout d'abord la Révolution islamique en Iran de 1979 où Hafez al-Assad apporta son soutien mais également et surtout la guerre entre les deux puissances régionales qu'étaient l'Irak et l'Iran entre 1980 et 1988 où la Syrie soutint ouvertement et activement le régime islamique de Téhéran. Cinq éléments sont déterminants dans le rapprochement entre l'Iran et la Syrie.

Le premier élément de ce rapprochement peu évident à première vue est la Révolution islamique en Iran en 1979. Le régime du Chah d'Iran tombe en 1979 à la suite d'une révolution islamique et place au pouvoir l'ayatollah Khomeiny. Il est à noter aussi que la Syrie du président Hafez al-Assad fut l'un des premiers États à apporter son soutien au régime islamique iranien après la Révolution de 1979 et à reconnaître le gouvernement provisoire de Mehdi Bazargan[10].

Le deuxième élément est un facteur géopolitique régional et de concurrence pour le *leadership* dans le monde arabe. L'Irak et la Syrie sont deux prétendants à un rôle de *leader* du panarabisme après que l'Égypte a signé les accords de Camp David en 1978, mettant fin ainsi au conflit l'opposant à Israël et surtout le reconnaissant comme État. Il restait alors deux Etats capables d'y prétendre : la Syrie toujours en guerre contre Israël et l'Irak dont son dirigeant vouait une haine immense à l'égard d'Israël. Il y eut une compétition qui ne disait pas son nom entre Damas et Bagdad pour reprendre le *leadership* du panarabisme dans la région. En guise de symbole, le président al-Assad père se rendra pour la première fois en Iran un certain 22 septembre 1990, jour du dixième anniversaire du déclenchement de la guerre entre l'Iran et l'Irak.

Le troisième élément conduisant à ce rapprochement est cette guerre. Cette dernière a été déclenchée à l'initiative de l'Irak de Saddam Hussein le 22 septembre 1980 pour de multiples raisons. Les principales étant la crainte maladive du maître de Bagdad que son armée ne le renverse et donc quoi de mieux qu'une guerre pour occuper son armée. La seconde raison consiste en un différend territorial multiséculaire sur le contrôle des rives du *Chatt-el-Arab*[11] entre l'Irak et l'Iran. Il s'agit d'un conflit terrible qui dura huit années et qui fit près

....

10 COVILLE Thierry, « La politique syrienne de l'Iran : entre intérêts stratégiques et débats internes », dans « Tragédie syrienne » sur *Confluences Méditerranée*, Editions L'Harmattan, numéro 89, Printemps 2014, page 96.
11 Signifiant littéralement « la rive des Arabes ».

d'un million de morts. Si tous les pays arabes soutenaient ouvertement l'Irak de Saddam Hussein face à l'islamisme inquiétant de l'Iran de l'ayatollah Khomeiny, ce ne fut pas le cas de tous. La Syrie fut donc l'une des rares exceptions dans la région à ne pas soutenir l'Irak et à soutenir l'Iran[12]. La Syrie ne souhaitait pas voir l'Irak en position de force sur l'échiquier régional. Elle ne se contenta pas seulement d'avoir un vocabulaire diplomatique hostile mais agit à l'égard de son voisin irakien. Elle coupa un important pipeline et l'Irak aurait perdu ainsi 30 % de ses ressources pétrolières. Les puissants services de renseignement syriens auraient même révélé les positions des forces armées irakiennes aux autorités iraniennes. Faisant suite au soutien syrien, en 1982, l'Iran et la Syrie signèrent un accord sur une vente préférentielle de pétrole.

De plus, lors du sommet arabe d'Amman de novembre 1987, la Syrie réprouva vigoureusement la condamnation de l'Iran par les pays arabes. Cependant, la Syrie fut contrainte d'abdiquer et de condamner très timidement le comportement iranien à l'égard de l'Irak, du Koweït et de l'Arabie saoudite et dut se joindre à la résolution 598 du Conseil de Sécurité des Nations Unies[13]. Le ministre des Affaires étrangères syrien, Farouk El Charreh, déclara concernant les tentatives de rapprochement avec Bagdad « *nous sommes arabes et les salutations sont dans nos mœurs. Mais les relations syro-irakiennes, qui ont été dangereusement ébranlées, ne peuvent être*

---

12 L'autre exception est plus surprenante aujourd'hui. Israël fut un soutien actif de l'Iran de Khomeiny face à l'Irak d'Hussein.
13 « 8-13 novembre 1987 - Iran – Irak. Le conflit Iran-Irak au centre du sommet arabe d'Amman », sur *Encyclopædia Universalis* [En ligne]

normalisées par des poignées de main »[14]. Le ton est donné. La Syrie penche véritablement du côté de l'Iran, à contrecourant de ses voisins arabes.

Le quatrième élément concerna la situation du Liban, plongé dans une guerre civile plus ou moins intense depuis la fin des années 1970. La Syrie, sur mandat des Nations unies intervint militairement au Liban dès 1976. À partir des années 1980, 5000 militaires iraniens sont envoyés au Liban pour épauler l'armée syrienne en brisant leurs opposants communs. C'est là que commencent les solides relations entre les groupes *Hezbollah*, Amal et l'Iran. L'Iran a trouvé dans ce soutien manifesté à la Syrie, à ses alliés du *Hezbollah* et d'Amal un moyen de pouvoir combattre Israël et les Occidentaux. Dans ce contexte, le groupe Amal et la Syrie, sur ordre de l'Iran, ont été accusés d'avoir orchestré le terrible attentat du Drakkar à Beyrouth, en 1983, contre des positions militaires américaines et françaises. Un moyen pour l'Iran d'avertir la France, qui soutenait massivement militairement et diplomatiquement son ennemi irakien pendant la guerre de 1980-1988, que si elle persistait dans cette voie, elle s'exposait à des représailles plus conséquentes[15].

Le dernier élément de rapprochement est la lutte contre Israël dans la région. Depuis la Révolution islamique en Iran, Israël n'est plus le meilleur ami de l'Iran au Moyen-Orient. Depuis lors, les principaux dirigeants de l'Iran appellent sans

....
14 « Après le sommet d'Amman La Syrie réprouve la condamnation de l'Iran et affirme que sa position envers Téhéran reste « inchangée « », sur *Le Monde* [En ligne], publié le 14 novembre 1987.
15 Voir mon précédent ouvrage : BUZAT Antoine, *Les implications de la France pendant la guerre Iran-Irak*, préface de Laurent REVERSO, postface de Jean-Louis BERNARD, Paris, Editions L'Harmattan, 2021, 244 pages.

cesse à la destruction de l'État d'Israël. La Syrie est toujours en guerre contre l'État hébreu. Il fallait donc avoir un allié anti-israélien, la Syrie en a le profil parfait.

Ainsi, le fait que l'Iran et la Syrie soient opposés sur la place de la religion dans la vie politique et la vie quotidienne ne fait pas obstacle à ce qu'ils entretiennent de bons rapports diplomatiques. Ces derniers ne sont pas basés sur la religion mais davantage sur un lien de nature véritablement géopolitique et stratégique.

Depuis ces efforts de rapprochement entre les deux pays, les efforts de coopération dans de nombreux domaines vont bon train. Les relations culturelles syro-iraniennes sont actives. Un centre culturel iranien a été ouvert en Syrie en 1983 avec comme but principal l'augmentation des échanges culturels, scientifiques et religieux entre les deux pays. Un forum pour la culture islamique iranienne et persane a également été ouvert. Les universités syriennes sont sollicitées pour qu'elles encouragent l'enseignement du persan dans leurs campus. L'inverse n'est pas aussi fort, la Syrie n'ouvrant son centre culturel en Iran qu'en 2005 en raison du goût prononcé des Iraniens pour l'apprentissage de la langue arabe. La force de cette coopération culturelle réside dans le domaine touristique. En effet, avant le déclenchement de la guerre civile en 2011, on comptait presque 350 000 touristes iraniens en Syrie, essentiellement pour des pèlerinages dans les lieux saints du chiisme présents en Syrie.

En ce qui concerne le domaine militaro-politique, en novembre 1990 est créé le Comité de coopération supérieur conjoint syro-iranien. Il rassemble alors les vice-présidents et ministres des Affaires étrangères des deux États respectifs dans le but de promouvoir une forte coopération économique et politique entre l'Iran et la Syrie[16]. En 1997, les équipements de l'armée nationale syrienne ont été modernisés par l'Iran suite à un accord entre les deux États[17]. En 2001, le nouveau chef de l'État syrien, Bachar al-Assad, se rend en Iran pour renforcer stratégiquement les liens entre les deux pays. Les deux États s'accordèrent pour signer un accord de coopération militaire en 2004 puis en 2006. Celui de juin 2006 insista sur *« le renforcement de la coopération mutuelle et la nécessité de préserver la paix et la stabilité dans la région »*[18]. Le 15 juin 2006, Hassan Turkmani déclara que la coopération irano-syrienne *« repose sur une alliance stratégique face aux menaces communes. Nous formons un front commun contre les menaces israéliennes et notre coopération dans ce domaine n'est pas un secret »*[19]. Cet accord de juin 2006 fut un véritable accord de défense mutuelle entre les deux États. Il permit à l'Iran de se procurer un accès à l'appareil militaire syrien, de renforcer les relations militaires à tous les niveaux hiérarchiques de l'armée, d'harmoniser les systèmes d'armements des deux pays[20]. L'accord de 2006 permit également de renforcer la présence par quatre de militaires iraniens en Syrie. « *L'Iran essaye de jouer le rôle de l'Union soviétique en Syrie, lors de la guerre froide* », « *C'est la grande puissance*

....

16 « Relations Iran-Syrie – Un mariage de convenance ou un axe de résistance ? » sur *European Security and Defence* [En ligne], publié le 18 juin 2019. (Traduit de l'anglais).
17 « L'Iran va participer à la modernisation de l'armée syrienne », sur *L'Orient-Le Jour* [En ligne], publié le 11 mars 1997.
18 « Téhéran et Damas signent un accord de coopération militaire », sur *Le Monde* [En ligne], publié le 16 juin 2006.
19 KLEIB Sami, *Syrie-Documents secrets d'une guerre programmée*, Paris, Editions Les points sur les i, 2019, page 346.
20 FEKI Masri, *L'axe irano-syrien*, op.cit., page 109.

régionale et elle se conduit comme telle » déclarait en 2006 un ex-membre du cabinet d'al-Assad[21].

Bachar al-Assad se rendit une deuxième fois à Téhéran rendre visite au président Ahmadinejad à la suite du conflit israélo-libanais de 2006. Les relations stratégiques sont renforcées dès l'année 2010 quand l'Iran équipe la Syrie d'un système de radar de dernière génération capable de « *saper la capacité israélienne de lancer une attaque préventive contre les infrastructures nucléaires de l'Iran* »[22]. La télévision iranienne mettra en avant « *le renforcement du front de résistance contre Israël, des accords de libéralisation du commerce bilatéral et la création d'une banque commerciale commune* »[23]. En 2011, le Parlement iranien a voté un décret de libre-échange entre les deux pays. Le président syrien s'est rendu quatre fois en Iran, entre 2008 et 2011, témoignant ainsi des forts liens existants entre les deux États.

L'Iran s'est implanté petit à petit mais durablement sur le territoire syrien. Seul le père de Bachar al-Assad, Hafez al-Assad, semblait avoir compris le jeu iranien en Syrie. Cependant, les tentatives d'ouverture de la Syrie vers l'Occident ont été sévèrement sanctionnées par l'Iran qui n'entend pas laisser son influence s'amenuiser en Syrie.

L'Occident souhaita se rapprocher de la Syrie durant l'année 2008 afin qu'elle signe un traité de paix avec Israël[24].

....
21 TAHERI Amir, « L'iranisation de la Syrie », pour le *Jérusalem Post*, publié sur *Nuit d'orient* [En ligne], le 2 novembre 2006.
22 « Iran Arms Syria With Radar », sur *Wall Street Journal* [En ligne], publié le 30 juin 2010.
23 KLEIB Sami, *Syrie-Documents secrets d'une guerre programmée*, *op.cit.*, pp 341-342.
24 Pour rappel, les deux États sont toujours officiellement en guerre depuis 1948 et la première guerre israélo-arabe. Aucun accord de

Le chef de l'État syrien s'est rendu en France, notamment pour les cérémonies de la fête nationale française. Seulement l'Iran, en confrontation avec les Occidentaux, ne l'entendit pas de cette oreille. Le directeur de recherche auprès du Centre Français de Recherche sur le Renseignement, Alain Rodier, évoqua « *une guerre entre alliés* »[25]. L'Iran aurait alors fait assassiner, en août 2008, le général syrien Mohamed Suleiman, le conseiller aux affaires militaires et sécuritaires du président Bachar al-Assad. Israël était accusé de cet assassinat avant qu'il ne démente formellement. Un mois plus tard, les autorités syriennes se vengèrent en assassinant Hisham al-Labadani, chef du bureau politique du Hamas à Damas, dans la ville syrienne de Homs[26]. La Syrie souhaitait envoyer un message très clair à Téhéran : elle ne se laissera pas impressionner ni faire. La réponse de Téhéran ne se fit pas attendre. Le 26 septembre, la capitale syrienne fut l'objet d'un attentat à proximité du bureau des services de sécurité syriens. Cette attaque fit 17 morts et 67 blessés et est attribuée aux extrémistes sunnites du *Fatah al-Islam,* implantés au Nord-Liban. Pourtant, tout porte à croire que l'Iran était derrière cet attentat. Ces attaques mutuelles entre les deux États sont passées sous silence par leurs médias nationaux respectifs. Rien ne doit laisser penser que des tensions existent ou existaient entre ces deux pays. Officiellement, les services secrets iraniens et syriens ne sont pas les auteurs de ces assassinats et attentats. À ce propos, Alain Rodier

....
  paix n'a été signé entre les deux belligérants à ce jour.
25 RODIER Alain, « Syrie-Iran. Guerre secrète entre alliés », sur *Centre Français de Recherche sur le Renseignement* [En ligne], *Note d'actualité n° 146*, publiée le 16 novembre 2008.
26 *Ibid.*

remarque qu'aucune protestation officielle d'un État comme de l'autre n'est intervenue, ce qui est troublant[27].

L'Iran a montré sa détermination à ne pas laisser supplanter son influence par les Occidentaux sur la Syrie, y compris en utilisant des moyens de terreur contre la population civile syrienne.

Le poids géopolitique inégal de l'alliance irano-syrienne

L'alliance régionale entre Damas et Téhéran s'avère être assez inégale en termes de chiffres. La différence est frappante au niveau des populations de ces deux États ainsi que de leur superficie. Ainsi, la Syrie est un État de presque 20 millions d'habitants et de 185 000 km². L'Iran est peuplé de presque 85 millions d'habitants pour une superficie de 1,6 million km².

Au niveau économique, la Syrie paraît être très en dessous du niveau de l'Iran, malgré les sanctions internationales sans répit depuis le début des années 2000. L'Iran est l'un des plus grands pays exportateurs de gaz et de pétrole. L'Iran dispose également d'une voie de transit international très importante et il s'en sert de moyen d'échange, de pression sur les Occidentaux dans le cadre des sanctions le visant. Il s'agit du détroit d'Ormuz. L'Iran menace régulièrement de fermer ou de bloquer cette voie de passage aux navires occidentaux, créant des tensions importantes avec les Occidentaux, États-Unis en tête qui menacent d'intervenir militairement si d'aventure l'Iran fermait le détroit d'Ormuz.

De plus, l'Iran apparaît être le *leader* du monde chiite dans la région. L'Iran dispose également d'une force militaire

---

27 *Ibid.*

plus conséquente que son partenaire syrien avec une capacité plus prononcée de projection à l'extérieur de ses frontières grâce à la force *al-Qods*. La différence est flagrante. La Syrie compte en 2021 175 000 soldats, 900 chars, 1800 véhicules blindés, 120 avions de combat, 50 hélicoptères, 60 lanceurs balistiques, 900 pièces d'artillerie et 15 navires avec un budget de 2,5 milliards de dollars dédié à la défense[28]. L'Iran compte un peu plus de 630 000 soldats, 1250 chars, 1500 véhicules blindés, 1300 pièces d'artillerie, 170 avions de combat, 100 drones, 40 hélicoptères d'attaque, 32 navires, 150 lanceurs balistiques avec 2000 missiles pour un budget dédié à la défense de 15 milliards de dollars[29].

L'alliance entre les deux pays paraît également être fortement déséquilibrée du fait de la trop grande complaisance de Bachar al-Assad à l'égard de Téhéran, contrairement à son père qui avait su maintenir un certain équilibre. En effet, le père de Bachar al-Assad n'hésitait pas à renvoyer les religieux iraniens trop prosélytes. De plus, au Liban, Damas privilégiait davantage la milice Amal que le Hezbollah pro-iranien. La Syrie bénéficiait également d'une plus grosse marge de manœuvre diplomatique. Le ministre syrien des Affaires étrangères Moustafa Tlas déclarait que *« La Syrie c'est la Syrie. L'Iran c'est l'Iran. (...). Nous ne pouvons pas vivre comme eux et eux ne peuvent vivre comme nous. Mais nous pouvons travailler ensemble »*[30]. Avec l'arrivée au pouvoir de Bachar al-Assad en 2000, l'Iran a senti le moment propice

---

28 ATLAS STRATÉGIQUE DE LA MÉDITERRANÉE ET DU MOYEN-ORIENT, édition 2022, de la Fondation Méditerranéenne d'Etudes Stratégiques, pages 108 à 115.
29 *Ibid.*, pages 214 à 221.
30 FEKI Masri, *L'axe irano-syrien*, op.cit., page 108.

pour accentuer son influence dans le pays. L'Iran sentit que Bachar al-Assad serait plus faible, plus manipulable que son père qui avait de l'expérience politique et militaire. Au prétexte de voyages religieux afin de visiter les monuments célèbres du chiisme, nombre d'entrepreneurs et membres du clergé iraniens se rendirent en Syrie. Ils s'installèrent alors dans la banlieue de Damas et une véritable enclave iranienne au cœur du territoire syrien s'est construite. La rénovation de bâtiments ou la construction de mosquées chiites sont décidées dans cet espace. Seulement, Hafez al-Assad surveilla de près cette mainmise iranienne proche de Damas et n'hésita pas à renvoyer dans leur pays les religieux iraniens qui firent du prosélytisme sur le reste du territoire syrien[31]. De plus, l'Iran développa des chaînes de télévision en langue perse en Syrie alors que toute chaîne non arabophone était interdite auparavant. Les Syriens peuvent désormais se rendre en Iran pour participer à des séminaires religieux. L'Iran accorde enfin des bourses d'études aux étudiants syriens.

Au Liban, Damas et Téhéran soutiennent deux milices différentes. Damas soutient la milice Amal tandis que Téhéran soutient le *Hezbollah*. Depuis l'arrivée au pouvoir de Bachar, l'Iran tenta de saper l'influence de Damas au Liban. Téhéran établit des contacts directs avec le bloc chrétien mené par l'ex-général Michel Aoun. La guerre de l'été 2006 entre Israël et le Liban, plus particulièrement contre le Hezbollah, renforça alors la dépendance de Damas vis-à-vis de Téhéran. De plus, la Syrie de Hafez al-Assad contrôlait, mettait au pas le *Hezbollah* libanais. Cependant,

---

31 DALLE Ignace et GLASMAN Wladimir, *Le cauchemar syrien*, Paris, Editions Fayard, 2016, page 239.

face au renforcement des capacités militaires de ce dernier opéré par l'Iran, le *Hezbollah* passa du statut d'obligé à un statut quasiment équivalent à Damas. Désormais, Damas a besoin du *Hezbollah* pour dissuader Israël de toute attaque sur son territoire.

De partenaires, d'alliés égaux, la relation entre Téhéran et Damas a davantage évolué en une relation inégale qui met Téhéran à un rang supérieur à celui de Damas. Cela fut flagrant quand Damas tenta de se défaire de l'influence iranienne. La riposte iranienne fut terrible. Malgré tout, l'Iran fut le premier pays à soutenir le régime d'al-Assad quand la guerre civile éclata en Syrie en 2011.

L'éclatement de la guerre civile syrienne

La guerre civile syrienne se déclencha en mars 2011 dans le contexte des Printemps arabes. La révolte populaire du monde arabe débuta en Tunisie en décembre 2010 quand un jeune Tunisien s'immola par le feu dans la rue. Une vague de contestation populaire inédite débuta dans ce pays et aboutit à la chute du dictateur tunisien Ben Ali et à sa fuite en Arabie saoudite en janvier 2011. Ce réveil du peuple tunisien fit tache d'huile dans le monde arabe. Au mois de janvier 2011, des révoltes plus ou moins violentes commencèrent au Yémen, en Égypte et en Jordanie. Le président Bachar al-Assad confia que son pays était différent de ces derniers et que cela n'arriverait pas en Syrie. En février 2011, la Libye et le Maroc s'enflammèrent. Le peuple syrien commençait également à s'organiser pour une contestation populaire comme dans les autres pays arabes. C'était sans compter la brutalité du régime de Damas en guise de riposte.

En février 2011, dans la ville de Deraa, un groupe d'adolescents inscrivirent sur un mur de l'école de la ville « *ton tour arrive docteur* »[32]. Ils furent rapidement identifiés par les services secrets syriens, les *moukhabarat*, et arrêtés. Leur calvaire ne faisait que commencer. Ils furent impitoyablement torturés, passés à tabac et devront dénoncer leurs camarades. Leurs familles furent sans nouvelles d'eux. Inquiètes, elles sollicitèrent l'aide du cousin du Président, lequel répondit avec provocation « *oubliez vos enfants et allez retrouver vos femmes. Elles vous en donneront d'autres. Et puis, si vous n'êtes pas capables de leur faire des enfants, amenez-nous vos femmes. On le fera pour vous* »[33]. Face à ces mots très durs, la population décida de se réunir devant le palais de justice de la ville le 15 mars 2011. Trois jours plus tard, la population se réunit également lors de ce qui a été appelé « le vendredi de la liberté » mais les forces de l'ordre firent feu. Deux morts furent à déplorer du côté des manifestants. Cet événement fut l'élément déclencheur de la guerre civile syrienne. Cinq jours après les avoir arrêtés, sentant que la situation risquait de fortement déraper comme en Tunisie, en Libye ou en Égypte, le pouvoir syrien décida de libérer les adolescents. Seulement, leurs familles constatèrent avec horreur que les adolescents avaient subi des tortures. La colère s'amplifia. Les manifestants occupèrent une mosquée pendant deux journées. Cette dernière fit l'objet d'un sinistre assaut des forces gouvernementales syriennes qui n'hésitèrent pas, encore une fois, à ouvrir le feu sur les occupants. Cela coûta la vie à

---

32 Docteur fait ici référence directement à Bachar al-Assad, qui est ophtalmologue de formation.
33 BARTHE Benjamin, « Les enfants de Deraa, l'étincelle de l'insurrection syrienne », sur *Le Monde* [En ligne] publié le 8 mars 2013.

une centaine de personnes. La révolte, partie de la ville de Deraa, commença à s'étendre à tout le pays. Après Deraa, ce fut au tour de la ville de Lattaquié, dans le fief du président al-Assad, de s'embraser.

Fin mars 2011, embarrassé par cette situation, l'homme fort du pays décida de la libération de tous les prisonniers arrêtés pendant les manifestations. Il prit la parole devant la nation le 30 mars. Son discours ne fut pas novateur et n'annonça rien de particulier. Il accusa Israël, les États-Unis et plus globalement l'Occident de manipuler les manifestants. Cependant, il accéda à l'une des principales demandes des manifestants : la levée de l'état d'urgence. Elle intervint en avril 2011[34]. Cette ouverture à une revendication de ses opposants cachait une sombre face. Le régime syrien resta déterminé à réprimer dans le sang les manifestations dans le pays. Les services de renseignement syriens furent très actifs et cherchèrent à arrêter les *leaders* des manifestations organisées partout dans le pays. Si le régime s'appuya sur ses forces gouvernementales et régulières civiles, il s'appuya également sur des milices irrégulières, notamment les sinistres milices *chabiha*[35]. Cependant, dès la fin avril, l'armée syrienne commença à se déployer dans les zones de contestation. Deraa, berceau de la contestation, fut reprise ainsi que d'autres villes. Seule la ville d'Homs résista à l'armée syrienne. Cela ne calma pas la contestation populaire, bien au contraire. Elle s'accentua. Elle s'accentua davantage quand le corps de l'un des adolescents arrêtés est rendu à sa famille. Son corps était gravement mutilé et présentait des traces de torture évidente. Son cou et sa mâchoire avaient été brisés, ses rotules broyées, des brûlures

....
34 Il était en vigueur depuis 1963.
35 Gangs mafieux agissant pour le compte du gouvernement loyaliste syrien.

de cigarettes furent constatées, il présentait également des blessures par balles dans les bras et ses parties génitales avaient été mutilées. Il n'avait que 13 ans. Le pouvoir central niait user de moyens de torture contre la population civile. Il est difficile de les croire quand l'on voit le corps de cet adolescent meurtri. Ce jeune, figure de la résistance syrienne, est comparé à l'Iranienne Neda Agha-Soltan, morte d'un tir des services de sécurité à Téhéran lors de la révolte de 2009[36].

Les autorités internationales dressèrent un lourd constat. Au mois de juin 2011, la répression du régime d'Al-Assad aurait fait mille morts. Le secrétaire général des Nations unies, Ban Ki-moon, est *« alarmé par l'escalade de la violence exercée par le gouvernement syrien face aux manifestants »*[37]. La ville de Jisr al-Choghour, située près de la frontière turque, au nord-ouest du pays, fait l'objet d'une répression particulièrement féroce au début du mois de juin 2011. En effet, une centaine de policiers syriens ont été tués au cours de combats très violents après qu'ils ont ouvert le feu lors d'une cérémonie funèbre réunissant un millier de personnes. L'armée intervint massivement pour épauler les forces de police, dépassées, afin de reprendre la localité. Plus de 15 000 soldats furent déployés aux portes de la ville, assistés par des chars et des hélicoptères de combat[38]. La ville de Jisr al-Choghour est stratégiquement cruciale pour le régime. Cela explique un tel déploiement de

---

36 HENNION Cécile, « Le corps mutilé de Hamza Al-Khatib est devenu un emblème de la révolte syrienne », dans *Le Monde* [En ligne], publié le 3 juin 2011.

37 « Syrie : la répression a fait au moins 53 morts vendredi », dans *Le Monde* [En ligne], publié le 3 juin 2011.

38 STEPHAN Laure, « L'armée syrienne soumet Jisr Al-Choghour à une répression implacable et meurtrière », dans *Le Monde* [En ligne], publié le 13 juin 2011.

force de l'armée. Elle permit de couper les rebelles syriens des divers approvisionnements en provenance de la Turquie voisine. Ce qui deviendra plus tard une bataille du même nom marqua les premières défections de soldats syriens, las de tirer sur la foule désarmée, mais également et surtout la capture d'armement par les manifestants lors de pillages de locaux de la police syrienne. Cette bataille fut également la cause du départ d'un peu plus de 20 000 civils syriens vers la Turquie voisine, les premiers réfugiés d'une longue série.

Le fait que le gouvernement et l'armée syrienne aient intensifié leurs actions face aux manifestants rendit ces derniers plus déterminés à se battre pour leur liberté. De nombreux soldats syriens désertèrent leurs unités pour rejoindre la résistance armée face au gouvernement de Damas. Plusieurs dizaines voire centaines d'entre eux firent défection et protégèrent les manifestants des assauts des forces gouvernementales. Les soldats déserteurs vivaient sous la menace d'être purement et simplement exécutés par leurs officiers. Un ancien soldat syrien a témoigné de faits glaçants, dignes des plus grandes dictatures de l'Histoire : « *Les soldats qui refusaient de tirer sur les civils ou qui tiraient systématiquement à côté étaient envoyés dans les secteurs les plus dangereux, où ils étaient sûrs d'être tués. J'ai vu les civils arrêtés et battus (...)* »[39]. La plupart d'entre eux sont des appelés. Ils formèrent, depuis la Turquie, en juillet 2011 l'Armée Syrienne Libre (ASL) sous la direction du colonel Riad al-Asaad. La mission principale de cette armée de résistance est la riposte uniquement en état de légitime défense face aux troupes loyalistes. Le gros des troupes de l'ASL fut constitué d'appelés

---

39 JAULMES Adrien, « La vague de désertions enfle au sein de l'armée syrienne », dans *Le Figaro* [En ligne], publié le 20 juillet 2012.

n'étant pas revenus dans leurs casernes à la suite de leurs permissions. L'ASL était, en 2011, forte de 10 000 hommes selon le *New York Times* et uniquement de 1000 soldats selon l'Observatoire Syriens des Droits de l'Homme. Le colonel al-Asaad, lui, affirma que l'ASL était constituée de 10 000 soldats regroupés en 22 bataillons[40]. Ce dernier souhaitait établir, comme en Libye, une zone d'exclusion aérienne au-dessus d'une zone frontalière de la Turquie afin de pouvoir fortement affaiblir le régime de Damas[41]. L'ASL a reconnu l'autorité du Conseil National Syrien (CNS), l'entité politique de la révolte syrienne, en novembre 2011.

Dans le sillage des Printemps arabes, au début de l'année 2011, les Occidentaux soutenaient les opposants au régime de Bachar al-Assad. Les Occidentaux ont reconnu le Conseil national syrien comme étant le seul interlocuteur légitime du peuple syrien. La question d'une intervention armée en Syrie fut clairement abordée. La Russie et la Chine, conscientes d'avoir été abusées par les Occidentaux lors de l'intervention précédente en Libye qui avait ouvertement outrepassé le cadre pour lequel elle avait été conçue, n'auraient pas laissé les Occidentaux renverser Bachar al-Assad. De son côté, l'Iran, allié de la Syrie dans la région, la soutenait ardemment. Ce soutien iranien au régime de Bachar al-Assad revêt différentes formes et conséquences à la fois pour le Moyen-Orient mais aussi pour l'Iran.

Il s'agira de développer tout au long de cet ouvrage des thématiques souvent interdépendantes les unes des autres mais devant répondre à la principale question : comment

---

40 DE SAINT PERIER Laurent, « Syrie : la guerre d'Asaad contre Assad », dans *Jeune Afrique* [En ligne], publié le 15 novembre 2011.
41 *Ibid.*

et pourquoi l'Iran est intervenu de la sorte en Syrie ? Ainsi, seront abordées les causes de l'intervention iranienne en Syrie, une analyse juridique de celle-ci sera effectuée et les réactions à cette intervention seront étudiées. Il sera également question des relations irano-russes dans le dossier syrien et de savoir si Russie et Iran ont des objectifs identiques en Syrie. Le rôle de médiateur de l'Iran sera également abordé ainsi que les conséquences de l'intervention de l'Iran en Syrie à différents niveaux.

CHAPITRE 1

La volonté iranienne de non-ingérence au début du conflit

> « *Qui vient en pays étranger, étranger il devient* ». Proverbe iranien, 1964

L'Iran, aux premiers jours du conflit, souhaitait alors ménager sa position au Moyen-Orient. Les despotes renversés par le Printemps arabe en Tunisie, en Égypte et au Yémen ont donné lieu à des changements radicaux de gouvernement et donc de doctrine régionale. L'Iran regarda alors d'un œil lointain la situation en Syrie et a dut se décider ou non à soutenir le régime de Bachar al-Assad. Ses choix dicteront la future stratégie régionale de l'Iran. Ne rien faire reviendrait à perdre les importants bastions du Liban et de la Syrie et donc reviendrait à reculer sa zone de sécurité vers ses propres frontières. Il fallait donc intervenir en Syrie. Cette intervention passa tout d'abord par un soutien politico-économico-diplomatique à Bachar al-Assad et elle s'intensifia en une coopération en matière de renseignement, de lutte *cyber* mais également en un soutien opérationnel à la répression des manifestants dès les premières semaines de contestation.

L'Iran face à ses contradictions sur les Printemps arabes et les pressions exercées sur la Syrie

L'Iran était plutôt très favorable au déclenchement des Printemps arabes en Afrique du Nord et au Moyen-Orient. En effet, il s'agissait du meilleur moyen pour le pays des mollahs d'abattre ses ennemis, la plupart sunnites, de l'étranger. Tout particulièrement l'Égypte, fidèle alliée des États-Unis dans la région depuis les accords de Camp David en 1978. Pour l'Iran, la révolte des peuples arabes est un bon moyen de remettre la religion au centre des débats. La plupart des pays qui ont vu leurs dictateurs tomber étaient des États laïcs et séculiers.

Cependant, quand la Syrie commença à connaître d'importants troubles, l'Iran changea complètement de ton dans ses déclarations. Dorénavant, le si bénéfique Printemps arabe est vu à Téhéran comme un complot orchestré par les sionistes et soutenu par l'Occident. De plus, selon l'iranologue, Bernard Hourcade, craignant que le régime ne tombe rapidement comme en Tunisie ou Égypte, les Iraniens prirent contact avec les rebelles syriens[1] pour garder des rapports cordiaux. Les déclarations iraniennes furent très ambiguës. En effet, le 8 août 2011, le président iranien Mahmoud Ahmadinejad déclarait à la télévision portugaise que *« le président Bachar al-Assad doit cesser toute forme de violence visant à réprimer les manifestations qui se déroulent dans son pays. La solution militaire n'est pas la bonne solution. La liberté, la justice et le respect de l'autre*

---

1 « L'Iran et la guerre en Syrie – Bernard Hourcade », sur la chaîne *YouTube* By Come [En ligne], publié le 13 avril 2017.

font partie des droits du peuple»[2]. Cette déclaration publique du chef de l'État iranien a surpris les officiels syriens. Cette surprise est compréhensible. Le pouvoir central syrien n'avait pas réagi de la sorte quand l'Iran réprimait les manifestations de la rue iranienne à l'été 2009. De plus, en septembre 2011, le président iranien Mahmoud Ahmadinejad avait appelé le président Bachar al-Assad à mettre fin à sa répression contre les manifestants syriens.

L'Iran face à un choix déterminant

Lorsque le conflit syrien éclata, l'Iran fut confronté un choix qui s'avéra être déterminant à la fois pour sa politique régionale mais surtout pour l'avenir de la Syrie et du Moyen-Orient. Il n'y avait alors que deux choix possibles : le soutien au régime d'al-Assad, décrié par la communauté internationale ou bien ne rien faire de particulier en sa faveur et espérer que le nouveau gouvernement syrien soit favorable à l'Iran. La seconde option était trop dangereuse pour Téhéran.

Le régime iranien choisit alors la voie de la facilité en soutenant Bachar al-Assad. L'Iran connaissait la dynastie al-Assad et a jugé qu'elle était la mieux placée pour servir ses intérêts régionaux, notamment l'approvisionnement en armes au *Hezbollah* libanais et pour la constitution de ce qui est appelé « l'axe de la résistance » par les autorités de Téhéran. En ce sens, Saeed Jalili, chef du Conseil suprême de sécurité nationale[3], déclarait en août 2012 que « *ce qui se*

---
2   KLEIB Sami, *Syrie-Documents secrets d'une guerre programmée*, Paris, Editions Les points sur les i, 2019, page 342.
3   Consacré par l'article 176 de la Constitution iranienne, il est en charge de définir la politique étrangère, la politique de défense de

passe en Syrie n'est pas une question interne, mais un conflit entre l'axe de la résistance et ses ennemis dans la région et dans le Monde. L'Iran ne tolérera, sous aucune forme, la rupture de l'axe de la résistance, dont la Syrie fait partie»[4]. L'Iran avança également comme argument le fait que la Syrie constituait la première ligne de défense de l'Iran. En effet, le territoire syrien est voisin de l'État d'Israël, ennemi juré de l'Iran et de la Turquie, membre de l'OTAN. Si la Syrie tombait aux mains de rebelles armés et soutenus par les Occidentaux, l'Iran perdrait alors un maillon essentiel de son axe de résistance et serait gravement affaibli à l'échelon régional, notamment en ce qui concerne sa capacité de nuisance sur l'État d'Israël. Le Liban voisin, où est présente la milice pro-iranienne du *Hezbollah*, pourrait également être impacté et toute la stratégie régionale de l'Iran serait alors menacée. Il serait également très improbable que le nouveau pouvoir syrien en place, une fois celui de Bachar al-Assad renversé, continue d'être l'allié de l'Iran.

Le soutien multiforme iranien au régime de Damas

L'Iran resta fidèle au régime syrien de Bachar al-Assad. Il continua de l'épauler au niveau international et souhaita montrer qu'une Syrie isolée n'était qu'un fantasme occidental. Ce soutien indéfectible à la Syrie passa par un soutien politique et diplomatique actif ainsi que par une aide économique.

---

l'Iran et supervise les forces armées iraniennes.
4   GOODARZI Jubin, « L'Iran et la Syrie à la croisée des chemins » sur *Wilson Center* [En ligne], publié le 20 juin 2013.

Au niveau international, l'Iran avait été marginalisé par les puissances occidentales. Elles seules souhaitaient œuvrer pour que la Syrie retrouve une stabilité. L'Iran soutint également son allié syrien diplomatiquement. Un chapitre y est consacré. L'Iran s'est également montré fortement opposé à toute zone d'exclusion aérienne au-dessus de la Syrie, pourtant désespérément demandée par l'opposition syrienne. Les messages de l'Iran se sont montrés très menaçants et indiquaient que cela pourrait alors mener à un conflit militaire. Russes et Chinois rejoignirent aussi cette position et se souvinrent du sort réservé au colonel Kadhafi après l'instauration d'une telle zone au-dessus de la Libye en 2011. L'Iran a également vigoureusement condamné la décision de l'Organisation de la Coopération islamique (OCI) de suspendre la Syrie en août 2012.

Au niveau intérieur, connaissant la complexité de la situation de la Syrie au début de la guerre civile, en 2011, l'Iran a appuyé politiquement le gouvernement syrien. L'Iran a soutenu les tentatives de réformes du gouvernement de Bachar al-Assad et indiqua sa position concernant l'alternance politique en Syrie : elle devait « *se dérouler sous la direction du président Assad* » et ajouta qu'il était « *le président légitime* » de la Syrie jusqu'« *à la prochaine élection prévue en 2014* ». Lors de cette élection, l'Iran soutint évidemment son allié Bachar al-Assad qu'il félicita quand l'annonce de sa réélection fut faite.

L'Iran ne soutenait pas uniquement politiquement et diplomatiquement la Syrie, embourbée dans cette guerre civile. Il la soutenait également économiquement. La Syrie était sous le coup de sanctions internationales drastiques. Le pays était aux abois et grandement fragilisé. L'Iran fut alors le premier

État à soutenir la Syrie économiquement. Il faut rappeler que l'Iran est sous sanctions internationales depuis le début des années 2000 suite au lancement de son programme nucléaire supposément militaire. Ainsi, l'Iran aida les Syriens à écouler leur pétrole à destination de la Chine afin de pouvoir leur assurer des revenus financiers[5]. De plus, l'Iran poussa l'Irak et son Premier ministre chiite pro-Iran, Nouri al-Maliki à étendre le cadre de la coopération économique entre les deux États. À ce sujet, l'Irak avait rejeté en bloc les sanctions émises contre la Syrie par la Ligue Arabe. En effet, selon l'institut américain Carnegie, entre mars 2011 et mars 2012, l'Irak a augmenté de 40 % ses importations en provenance de Syrie et ce pourcentage est passé à plus de 100 % avec l'Iran.

L'Iran et la Syrie ont également signé un accord de libre-échange permettant aux produits syriens de pénétrer le marché iranien avec des taxes extrêmement faibles. La Syrie a ainsi réduit de 60 % les coûts d'exportation des produits syriens vers l'Iran[6].

Le soutien économique de l'Iran à la Syrie s'opéra surtout dans le domaine financier. Des transferts de plusieurs milliards de dollars ont été constatés au début du conflit. Selon le *Times*, ce seraient dix milliards de dollars que l'Iran aurait dépensés en 2012 en faveur de son allié syrien[7]. Cette aide généreuse ne fit pas l'unanimité au sein de la classe dirigeante en Iran. Des frictions auraient eu lieu entre le Guide

---

5   DONATI Jessica, « Iran helps Syria ship oil to China », sur *Reuters*, publié le 30 mars 2012.
6   KLEIB Sami, *Syrie-Documents secrets d'une guerre programmée*, op.cit., page 353.
7   DJALILI Mohammad-Reza et KELLNER Thierry, « L'Iran face à la crise syrienne », sur *DiploWeb* [En ligne], publié le 7 septembre 2014.

suprême et les Gardiens de la Révolution. Il fallut attendre janvier 2013 pour que cela soit annoncé officiellement. Iran et Syrie signèrent des protocoles d'accord permettant à l'Iran d'ouvrir une ligne de crédit d'approximativement 1,3 milliard de dollars. Le montant est passé à 4 milliards de dollars au mois de mai 2013.

Les prémices d'un interventionnisme iranien plus offensif

Le soutien politico-diplomatique iranien ne suffisant plus réellement à combattre les insurgés sur le terrain, l'Iran se devait d'épauler alors l'allié syrien plus efficacement. Mais il fallait tout d'abord préparer le terrain à une option militaire plus large. Cela passa par une assistance poussée dans le captage des télécommunications insurgées de la part l'Iran puis par l'envoi de quelques éléments d'élite de l'armée iranienne sur le sol syrien. De plus, l'Iran avait acquis une expérience non négligeable dans la répression de manifestations populaires et souhaita faire bénéficier de cette expérience l'ami syrien.

L'Iran bénéficie d'une puissante technologie capable de surveiller les *e-mails* et plus largement d'un savoir-faire reconnu à l'international pour le captage des télécommunications. Cela fait suite aux importantes émeutes de 2009, appelées Révolution Verte, en Iran suite à la réélection polémique du président Ahmadinejad, largement contesté par la rue et dont les manifestations ont été réprimées dans le sang. Pour contrer les tentatives de contestation populaire nées sur Internet, l'Iran a alors décidé d'employer les grands moyens en dépensant des millions de dollars pour créer une cyber-armée dans le but de traquer les personnes dissidentes en ligne[8]. La Maison-Blanche fut la première à déplorer le soutien massif de l'Iran à la Syrie dans les domaines des interceptions et des blocages du réseau internet syrien, des réseaux sociaux et de la téléphonie mobile. De plus, certains diplomates occidentaux et militants syriens des droits de l'Homme affirmèrent que l'Iran aidait également la Syrie à bloquer des réseaux sociaux et les moyens de télécommunication comme Skype[9]. Les services iraniens ont par exemple perpétré une attaque informatique d'ampleur contre le Twitter syrien. Les *mukhabarat*[10] ont bénéficié assez tôt du soutien des services de renseignement du Corps des Gardiens de la Révolution iranien. Ces services ont été envoyés dès les premiers jours de troubles en Syrie.

Le soutien iranien au régime de Bachar al-Assad s'est avéré de plus en plus plausible, quand en 2011, des manifestants syriens ont entendu parler des militaires dispersant des manifestations en langue persane[11]. L'Iran enverrait également des fournitures d'équipements aux forces de sécurité syriennes comme des matraques ou des casques anti-émeutes. En outre, les forces iraniennes formeraient les forces syriennes au contrôle des foules.

De plus, le Trésor américain fit état en mai 2011 de l'envoi du troisième commandant de la force iranienne *al-Qods*,

....

8   ABDO Geneive « How Iran Keeps Assad in Power in Syria », sur *Web Archiv* [En ligne], publié le 5 septembre 2011.
9   « Iran helping Syrian regime crack down on protesters, say diplomats », sur *Le Guardian* [En ligne], publié le 9 mai 2011.
10 Signifiant Services secrets syriens, en arabe.
11 « Iran, Hezbollah assisting in Syria protest suppression » sur *Jerusalem Post* [En ligne], publié le 27 mars 2011.

Mohsen Chizari, pour entraîner au sol les forces de sécurité syrienne à la lutte contre les manifestations[12].

Ainsi, ces actions iraniennes en faveur de la Syrie marquèrent un engagement en devenir de plus en plus marqué et les événements proches de Damas, en passe d'être pris par les rebelles, accélérèrent la décision de Téhéran d'intervenir plus brutalement.

> **EN BREF**
>
> L'Iran s'était montré plutôt bienveillant à l'égard des Printemps arabes quand ceux-ci concernaient l'Égypte ou la Tunisie. En effet, leurs régimes étaient plutôt axés sur les Occidentaux. Cependant, quand vint le tour de la Syrie, Téhéran changea radicalement de ton et estima que la révolte puis l'insurrection syrienne étaient un complot orchestré par Israël et les Occidentaux. Téhéran avait alors le choix : soutenir ou non le régime de Bachar al-Assad. L'Iran décida alors d'épauler son seul État allié de la région. Ce soutien s'effectua tout d'abord par un soutien diplomatique mais également par une aide économique conséquente à Damas. Sur le plan tactique, l'Iran dépêcha sa force d'élite déployable au-delà des frontières iraniennes, la force *al-Qods*, pour former les forces de sécurité syriennes à la répression de manifestations violentes. Ce déploiement esquissa un soutien plus frontal et massif de l'Iran à Bachar al-Assad.

....
12 ABDO Geneive « How Iran Keeps Assad in Power in Syria », sur *Web Archiv* [En ligne], publié le 5 septembre 2011.

CHAPITRE 2

L'interventionnisme de l'Iran en Syrie

> «*L'Iran considère la sécurité de la Syrie comme sa propre sécurité, et nous mettons nos capacités de défense sur le même plan que celles de la Syrie*».
> Mostafa Mohammad Najjar, ministre iranien de la Défense, 2008, lors de la signature du pacte de défense entre la Syrie et l'Iran.

La situation commença à tourner brutalement en la défaveur de Bachar al-Assad à partir de 2013. À l'aube de l'année 2012, l'Iran était présent discrètement en Syrie pour aider et former les forces de sécurité locales à faire face à l'opposition. Sur le terrain, tout s'accéléra brutalement et obligea l'Iran à intervenir de façon plus visible et plus déterminée pour sauver Bachar al-Assad. Plusieurs facteurs furent pris en compte par Téhéran pour intervenir en Syrie. De plus, malgré les alternances politiques en Iran, la question syrienne fit toujours l'objet d'un consensus et peu de changements furent opérés dans la politique syrienne de l'Iran.

Les facteurs poussant l'Iran à intervenir en Syrie

L'Iran avance principalement quatre facteurs pour justifier son intervention en Syrie. Tout d'abord, ne pas intervenir en faveur de Bachar al-Assad reviendrait à perdre la tête de pont syrienne essentielle au Moyen-Orient. En Iran, les rebelles sont accusés de liens plus ou moins étroits avec l'ennemi saoudien, ce qui est inacceptable pour les autorités iraniennes.

La Syrie revêt une importance stratégique non négligeable pour l'Iran. Plusieurs axes expliquent cette importance. Tout d'abord, Iran et Syrie partagent le même point de vue concernant le conflit israélo-palestinien. Les déclarations hostiles de Téhéran à l'égard de Tel-Aviv se sont intensifiées après l'*intifada* de 2000. Par exemple, l'ayatollah Khamenei a déclaré que «*maintenant, la situation s'est aggravée et Israël, en tant que tumeur cancéreuse, doit être retiré chirurgicalement de la région*». Un axe Damas-Téhéran s'est constitué pour lutter contre Israël. Ensuite, la guerre entre l'Iran et l'Irak, entre 1980 et 1988, a eu pour principale conséquence de montrer aux yeux du monde la vulnérabilité de la longue frontière occidentale de l'Iran. Chez les stratèges militaires iraniens et la classe politique du pays, un sentiment de «plus jamais cela» domine à présent. Il faut que le territoire sacré de l'Iran ne soit plus jamais envahi. Les États tampons entre l'Iran et les États hostiles doivent être défendus. L'Iran œuvra dans les années 1990-2000 en renforçant son influence chez ses voisins libanais, syriens, irakiens et yéménites. Pour l'Iran, un axe de la Résistance est constitué. Il doit toujours faire peser une menace sur les intérêts d'Israël dans la région. La Syrie et le Liban sont des acteurs vitaux de cet axe. Ils créent une pression constante sur le nord d'Israël. C'est également par le territoire syrien que transitent les différentes armes nécessaires à la lutte du parti libanais du *Hezbollah* dans sa lutte contre le voisin israélien. Le territoire syrien revêt donc une importance vitale pour la politique régionale de l'Iran au Moyen-Orient.

L'Iran est présent sur le sol syrien depuis les premières semaines de la contestation populaire syrienne. Cependant, le contexte géopolitique est mouvant. La Russie, l'Arabie saoudite la Turquie et les États-Unis rentrèrent également dans le jeu syrien et cela a pu poser des problèmes à la stratégie iranienne pour maintenir la Syrie sous son giron. L'Iran n'était pas forcément enclin à soutenir coûte que coûte Bachar al-Assad contre vents et marées mais souhaitait simplement un changement de chef de l'État qui soit toujours favorable à Téhéran et qui aurait pu atténuer la contestation de la rue syrienne. L'Iran était même prêt à fomenter un coup d'État uniquement si le nouveau régime lui était favorable avec le soutien des Américains. L'Iran n'était pas à son coup d'essai et avait réalisé la même politique pragmatique en 2003 quand Saddam Hussein avait été renversé par les États-Unis. Ces derniers auraient alors refusé car l'offre iranienne maintenait l'influence de l'Iran dans la Syrie post al-Assad. C'est ce qui ressort de *mails* provenant du Centre de renseignement Stratfor au Texas, que le site américain *WikiLeaks* a décidé de rendre public en 2012. En voici un extrait : « (...) *les Américains se sont opposés au plan car il permet à l'Iran de conserver son influence en Syrie après al-Assad* »[1].

---

1 Traduit de l'anglais. Email daté du 10 décembre 2011. Disponible sur le site WikiLeaks à cette adresse :

Ce qui a poussé l'Iran à réfléchir à une option plus ferme, sur le plan géopolitique, est la volonté de la Turquie de renverser al-Assad en coopérant à la fois avec l'ASL et les Frères musulmans. Au plan tactique, Damas étouffait. La ville était sous la pression constante des rebelles de l'ASL et menaçait de tomber de jour en jour. Le régime était à l'agonie, ses deux principales villes, Damas et Alep, étaient gravement menacées par les rebelles soutenus par l'Occident. L'Iran se devait alors d'épauler plus massivement son principal allié syrien. En ce sens, selon l'ancien commandant des *bassij* et confident de Khamenei, Mehdi Tayeb, la Syrie est « *la 35ᵉ province de l'Iran. Si nous perdons la Syrie, nous risquons aussi de perdre Téhéran* ».[2] Un autre facteur poussa Téhéran à agir. Il s'agit de la protection d'un monument sacré pour les Iraniens. Il s'agit de la mosquée de Sayyida Zeinab. Elle se situe au sud-est de Damas. Elle abrite le tombeau de deux personnes chères aux chiites et aux Iraniens : Zaynab, la petite-fille de Mahomet et Ali Shariati. Zaynab bint Ali est la fille du premier imam selon les musulmans chiites et dernier calife de l'Islam Ali ibn Abi Talib. Il s'agit également de la petite-fille du prophète Mahomet. Selon plusieurs sources, sa date de naissance se situe en 626 à Médine et son décès en 682 ou 684 au Caire, en Égypte. Son surnom fut *Umm Hâshim* (Mère des Hachémites). Après la bataille de Karbala, elle veilla sur la descendance du Prophète et sur son neveu Alî Zayn Al-'Âbidîn, le seul survivant de la bataille parmi la progéniture de l'imam Al-Hussein.

....
2   PRICE, Bryan, « Syria : a wicked problem for all », Combatting terrorism at West Point (CTP sentinel), vol. 6, issue 8, août 2013, p.11.

Ensuite, la mosquée abrite le tombeau d'un sociologue iranien très important pour le pays. Il s'agit d'Ali Shariati. Il est né en 1933, dans le nord-est de l'Iran, et est mort dans des conditions douteuses au Royaume-Uni en 1977, à l'âge de 43 ans. Il entra à l'université de Mashad pour étudier les Lettres en 1955. Six ans plus tard, il s'engagea dans l'opposition politique au Chah d'Iran. En effet, il appartint à l'opposition national-démocratique de la confédération des étudiants iraniens.

Il obtint une bourse d'études lui permettant de poursuivre ses études en France où il fréquenta le milieu intellectuel français plutôt de gauche. Il décida de retourner au pays en 1964 où il fut arrêté et incarcéré à Téhéran. Il devint ensuite professeur d'histoire à l'université de Mashad. Il fit un ensemble de discours et de conférences dans tout le pays et publia *Désert et son Islamologie*, ses cahiers intimes. Suite à cela, il se vit interdit de publication et d'intervenir publiquement dans tout le pays. Il passa ensuite dix-huit mois de prison entre 1973 et 1975. Il fut, en effet, arrêté par la SAVAK[3], la tant redoutée police du Chah. Les Accords d'Alger de 1975 lui permirent d'être libéré mais placé en résidence surveillée. Il décida de quitter l'Iran le 15 mai 1977. Avant de s'envoler vers le Royaume-Uni, il prit le temps d'écrire à son père une lettre qui reste dans l'Histoire. Celle-ci critique certains aspects de la pratique religieuse en Iran, estimant que l'islam contient par nature une dynamique contre la tyrannie et en faveur de la liberté, l'égalité et l'émancipation des femmes et des hommes. Le surlendemain, le 17 mai, son épouse fut prise en otage et se vit interdite de quitter le territoire

---

3   SAVAK pour *Sāzmān-e Ettelā'āt va Amniyat-e Keshvar* signifiant Organisation pour le renseignement et la sécurité nationale.

iranien. Le 18 juin 1977, ses enfants, malgré une interdiction de quitter l'Iran, se rendirent à Londres pour lui rendre visite. Ali Shariati décida alors de les attendre dans un aéroport de Londres. Le lendemain, il fut conduit de toute urgence à l'hôpital après avoir été découvert gisant au sol. La cause officielle de son décès est un arrêt cardiaque mais la SAVAK fut accusée de l'avoir assassiné. Conscient de l'aura dont il disposait dans la population iranienne, le gouvernement impérial tenta de faire rapatrier son corps et d'organiser des funérailles nationales. La famille souhaita cependant envoyer le corps en Syrie. Sa mort entraîna de nombreux troubles dans la jeunesse iranienne notamment dans les universités du pays. Il reste important aux yeux de l'Iran étant donné qu'il est considéré comme l'idéologue de la Révolution islamique de 1979. En effet, Ali Shariati fut une synthèse entre islamisme et nationalisme révolutionnaire.

En août 2013, la zone de la mosquée al-Zaynab, au sud-est de Damas, est vivement contestée entre d'une part l'armée régulière syrienne dirigée par le clan al-Assad et d'autre part par la rébellion de l'Armée Syrienne Libre. Ce contexte géopolitique mouvant et dangereux pour la stratégie de l'Iran en Syrie et plus largement au Moyen-Orient poussa l'Iran à réfléchir aux objectifs stratégiques dictant son intervention en Syrie puis d'activer l'accord de défense qui le lie à la Syrie.

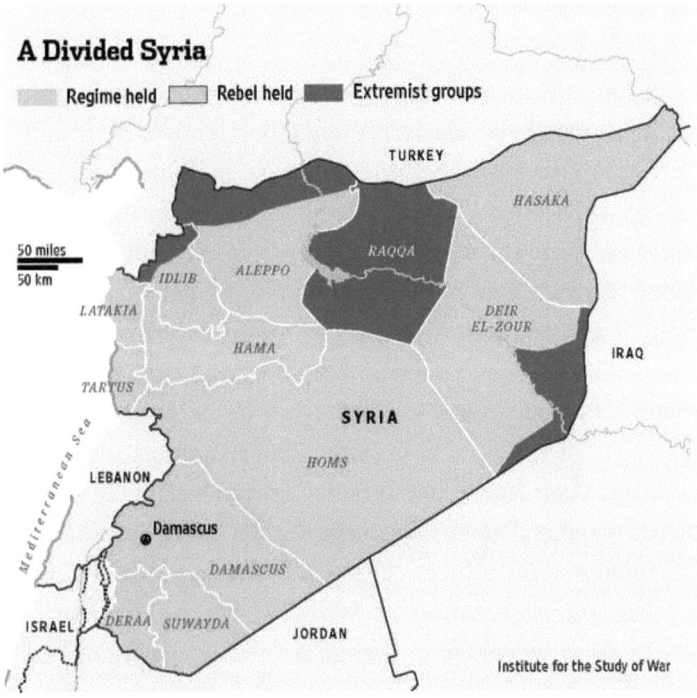

Situation syrienne en août 2013. Les territoires contrôlés par le pouvoir syrien sont en orange, ceux par les rebelles modérés en gris clair et ceux par les terroristes islamistes en gris foncé. © Institute For The Study Of War

Les objectifs stratégiques de l'intervention iranienne en Syrie

En s'engageant militairement aux côtés de Bachar al-Assad, l'Iran entend poursuivre des objectifs stratégiques en Syrie. Un accord politique doit être conclu en quatre axes afin de résoudre la crise syrienne. Cet accord prévoit la protection des minorités syriennes, des élections libres sous le contrôle de la communauté internationale ainsi que la formation d'un gouvernement d'unité nationale. Cependant, pour que cet accord soit viable, l'Iran entend mener à bien les objectifs stratégiques qu'il s'est assigné.

L'une des premières causes de l'intervention militaire de l'Iran en Syrie est la présence dangereuse de groupes terroristes islamistes comme *al-Qaïda*, le Front *al-Nosra* ou encore du groupe État Islamique. Intervenir pour les éradiquer en Syrie est le meilleur moyen que l'Iran ait trouvé pour sécuriser son espace vital représenté par l'Irak. L'Iran souhaita donc neutraliser ces groupes si dangereux pour la continuité du pouvoir syrien. Des offensives terrestres furent planifiées pour mener cet objectif à terme et l'Iran utilisa cette justification de la présence de groupe terroriste pour rester actif sur le territoire syrien. Cette activité fut également accompagnée d'un encadrement des forces armées syriennes régulières et des milices chiites qui l'accompagnaient.

Par son intervention en Syrie, l'Iran souhaita revenir à la situation *ante bellum*. Il s'agissait de l'un de ses objectifs principaux. L'Iran désirait à tout prix éviter que la Syrie ne connaisse le sort de son voisin libanais, fragmenté par des décennies de guerre civile. C'est pour cela que l'Iran œuvra de tout son possible au maintien de l'intégrité territoriale du territoire syrien. En cela, l'Iran observa attentivement la situation dans le nord-est du pays, dans le territoire du Rojava. Les Kurdes syriens souhaitaient en effet devenir, au mieux, plus indépendants ou au pire autonomes, l'Iran ne l'aurait pas permis et usa d'une certaine influence sur ces derniers pour qu'ils n'en arrivent pas là. Ils n'étaient toutefois pas vus comme des terroristes et considérés comme tels. Téhéran a alors soutenu Ankara dans la non-reconnaissance du gouvernement local kurde. La Syrie devait redevenir la passerelle entre l'Iran et le Liban pour que le premier puisse maintenir son influence et sa capacité de nuisance sur la région et particulièrement contre l'État d'Israël. À plusieurs reprises, des bases militaires ont été construites par des milices soutenant Téhéran à proximité du territoire disputé du Golan et de la frontière syro-libanaise. Une conduite qui lui vaudra les foudres de Tel-Aviv. Au fur et à mesure de l'avancée du conflit et de la victoire proche du camp al-Assad, la Syrie fut la cible récurrente de l'aviation israélienne et cette situation de ligne de défense de l'Iran commençait à agacer le pouvoir syrien. Il était la victime de la stratégie régionale iranienne.

Le troisième objectif stratégique de l'Iran en Syrie est la préservation, à la vue du contexte actuel, des institutions gouvernementales syriennes en maintenant par exemple celles de l'armée et du renseignement, essentielles pour tenir la Syrie. Ce maintien des institutions publiques existantes ne passe, aux yeux de Téhéran, que par le maintien absolu et ferme du président actuel, Bachar al-Assad. Il s'agit d'un revirement de positionnement de la part de l'Iran car ce pays était prêt à lâcher le maître de Damas au début du conflit. Dorénavant, compte tenu de la situation syrienne, il n'existe plus aucune alternative possible et crédible pour les Iraniens. Cela est d'ailleurs devenu une ligne rouge pour Téhéran. L'Iran estime qu'al-Assad devrait être autorisé à participer au processus de transition compte tenu de sa popularité. Il a d'ailleurs été réélu à plusieurs reprises depuis.

L'embarras des autorités iraniennes à l'annonce de l'intervention en Syrie

L'intervention iranienne en Syrie était discrète et devait le rester. Le fait que l'Iran ait envoyé sa division d'élite en Syrie n'était jusqu'alors qu'une rumeur. Rien ne permettait de l'étayer.

Dès l'été 2011, l'Union européenne sanctionna le régime iranien qui fut accusé d'avoir «*fourni aux services de sécurité syriens une assistance technique, du matériel et un soutien pour réprimer les mouvements de contestation civils*»[4]. En avril 2012, le journal allemand *Der Spiegel* révélait qu'un cargo allemand chargé d'armes iraniennes avait été arraisonné, à 80 kilomètres au large de Tartous, en Syrie[5].

Cependant, le commandant en second de la célèbre force d'élite du régime iranien, la force *al-Qods*[6], Esmaïl Ghani, a publié un communiqué dans l'agence nationale de presse iranienne *IRNA* lequel mentionnait que l'Iran était bel et bien présent en Syrie. Selon ce dernier, l'Iran a dépêché ses forces en Syrie car «*si la République islamique n'avait pas été présente en Syrie, le massacre de la population aurait été beaucoup plus catastrophique*»[7]. Il ajouta qu'«*avant que nous arrivions en Syrie, le*

---

4   AREFI Armin, « Des forces iraniennes présentes en Syrie », sur *Le Point* [En ligne], publié le 30 mai 2012.
5   *Ibid.*
6   La force *al-Qods*, signifiant Jérusalem, est une force spéciale des Gardiens de la Révolution. Sa vocation est d'être projetée au-delà des frontières iraniennes pour y conduire des opérations clandestines d'assassinats, de sabotages, de terrorisme, du recueil de renseignement, de formations de milices chiites au Moyen-Orient. Ses effectifs sont estimés à 15 000 hommes.
7   AREFI Armin, « Des forces iraniennes présentes en Syrie », sur *Le Point* [En ligne], publié le 30 mai 2012.

nombre des Syriens massacrés par les insurgés était plus important. Mais la présence de la République islamique, de manière physique ou non, a empêché de grands massacres de civils »[8].

Le communiqué disparut très rapidement du site de l'*IRNA*. Mais le mal était fait. La présence de forces iraniennes était révélée au monde entier. Le malaise fut palpable à Téhéran. Cela obligea le chef des forces armées iraniennes d'alors, le général Hassan Firouzabadi, à nuancer ou plutôt tenter de nuancer les propos du vice-commandant de la force *al-Qods*. Selon le chef de l'armée iranienne, l'aide iranienne ne fut que morale et logistique. Nul démenti n'a été rédigé sur la présence de forces iraniennes en Syrie. Pour le général Firouzabadi, les forces iraniennes dépêchées en Syrie n'ont pour principal objectif que d'établir la sécurité en Syrie[9].

L'Iran continua d'être dans l'embarras suite à ces propos. En effet, la porte-parole du Département d'État américain Victoria Nuland affirma le 29 mai 2012 que les forces iraniennes d'*al-Qods* avaient formé les milices syriennes *Chabiha*. Ces dernières furent accusées du terrible massacre de civils dans la ville de Houla le 25 mai 2012 faisant 108 morts dont 49 enfants.

Le 16 septembre 2012, le général Mohammad Ali Jafari, commandant en chef du CGRI, a publiquement reconnu qu'un « *certain nombre de membres de la Force Al-Qods sont présents en Syrie et au Liban. (…) Nous fournissons [à ces deux pays] des conseils et des avis et les faisons bénéficier de notre expérience* ».

....
8   Ibid.
9   Ibid.

En effet, la Syrie a activé l'accord de juin 2006 qui la liait militairement à l'Iran. Ce dernier est bien intervenu en Syrie mais, comme l'ont rappelé les intéressés iraniens, ce soutien s'est matérialisé uniquement par l'envoi de conseillers du régime islamique à Damas. Ce soutien iranien s'est alors manifesté par l'envoi de fournitures militaires, de soutiens financiers et tactiques. La force *al-Qods* permit également la formation de milices syriennes agissant sous ses ordres pour le compte de Téhéran : ce furent les Forces de défense nationale.

L'unisson des alternances politiques en Iran sur la question syrienne

L'intervention iranienne, depuis 2013, en faveur de la Syrie de Bachar al-Assad a toujours fait l'unanimité chez les dirigeants politiques en Iran. Les trois différents présidents qui se sont succédé au sommet de l'État ne l'ont jamais remise en question. Cependant, tous ne l'ont pas gérée de la même façon. Bachar al-Assad et Mahmoud Ahmadinejad ont des points communs. Tous deux ont été confrontés à une insurrection violente. L'homme fort de Téhéran fustige l'aide occidentale apportée aux rebelles dits modérés de l'ASL contre Bachar al-Assad. Il s'est battu pour que la Syrie ne soit plus isolée du reste du monde notamment en s'entretenant régulièrement avec les autorités russes sur le dossier syrien. Ainsi, en février 2012, après un entretien téléphonique avec son homologue russe, Dimitri Medvedev, un communiqué commun fut transmis avec cette teneur : « *les deux parties [Russie et Iran] se sont prononcées pour que les Syriens surmontent par eux-mêmes et le plus rapidement possible la crise par des moyens exclusivement pacifiques, sans ingérence de l'extérieur*»[10]. Ce qui est très troublant quand l'on se rappelle les déclarations de M. Ahmadinejad et son caractère, sont les déclarations de l'ancien président de la République islamique dans un média libanais opposé au *Hezbollah*. Il aurait alors déclaré que «*les questions syriennes doivent suivre la volonté du peuple syrien et non l'intervention de l'Iran, du Hezbollah et d'autres forces étrangères par procuration*»[11]. Ces déclarations vont à l'encontre de tout ce qui a été effectué en Syrie par l'Iran ces dix dernières années. Peut-être est-ce un moyen de s'opposer frontalement au Guide suprême qui a refusé sa candidature à la dernière élection présidentielle iranienne.

L'élection du nouveau président de la République Hossan Rohani est vue en Occident comme le signe d'un changement. Il est considéré comme étant un réformateur enclin au dialogue avec les puissances occidentales, ce qui change radicalement de son prédécesseur. Cependant, les Occidentaux furent déçus. Ils espéraient un infléchissement de la position de son pays dans le dossier syrien mais il n'en fut rien. En effet, peu de temps après son investiture, le nouveau président iranien Rohani rassurait les Syriens. Il a déclaré à leur Premier ministre qu'«*aucune force au monde ne peut ébranler les relations solides, stratégiques et historiques qui unissent les deux pays dans l'amitié. Les relations syro-iraniennes sont basées sur la compréhension et un destin*

....
10 « Medvedev et Ahmadinejad s'entendent sur le rejet de toute ingérence en Syrie », sur *La Dépêche du Midi* [En ligne], publié le 22 février 2012.
11 « محمود احمدی‌نژاد: ایران و حزب‌الله لبنان نباید در سوریه دخالت کنند », sur *Didbaniran* [En ligne], publié le 24 février 2021.

commun »[12]. Le soutien qu'il formula à la Syrie fut total. Son premier mandat fut marqué par l'utilisation d'agents chimiques par les forces de Bachar al-Assad sur des civils dans la Ghoutta. Cette attaque chimique faillit causer une intervention militaire occidentale, qui aurait été désastreuse pour le régime légal et pour l'Iran. Pour le président Rohani, on ne peut désigner un responsable. Ses propos furent très polémiques et très critiqués en Iran. Il faut se souvenir que durant la « guerre imposée », la guerre Iran-Irak, l'Iran fut victime également d'attaques chimiques par le régime irakien de Saddam Hussein. Ainsi, il dut rétropédaler et un communiqué fut rédigé : *la République islamique d'Iran, qui a été victime d'armes chimiques demande à la communauté internationale de tout faire pour empêcher l'utilisation de telles armes partout dans le monde* »[13]. Ce communiqué fut accueilli par les Occidentaux comme un symbole que l'Iran pouvait infléchir la dureté du régime de Damas. Mais les réjouissances des Occidentaux furent de courte durée. En effet, le président Rohani reprit les diatribes entendues depuis le début de la guerre syrienne : l'attaque chimique est le fait des rebelles syriens et non pas du régime légal. Hassan Rohani soutint la proposition russe de mettre l'arsenal chimique syrien sous le contrôle onusien. Hassan Rohani a ainsi accentué la présence iranienne en Syrie en ouvrant par exemple une chaîne de télévision en arabe pour contrer le « wahhabisme »,

---

12 « L'alliance syrienne restera forte », sur *Gulf News* [En ligne], publié le 4 août 2013.
13 DJALILI Mohammad-Reza et KELLNER Thierry, « L'Iran face à la crise syrienne », sur *DiploWeb* [En ligne], publié le 7 septembre 2014.

sous-entendu ici, l'influence supposée saoudienne dans les rangs de la rébellion.

Son successeur, Ebrahim Raïssi, a été élu comme président de la République islamique d'Iran en juin 2021 avec plus de 61 % des suffrages exprimés. Il est décrit par les observateurs politiques comme un ultra conservateur. Il est connu pour sa férocité et pour sa participation aux exécutions massives d'opposants politiques en Iran, en 1988, notamment contre le mouvement de l'Organisation des Moudjahidines du Peuple Iranien (OMPI). Il était également premier vice-chef du système judiciaire quand les émeutes de 2009 ont éclaté en Iran. Dès l'annonce de son élection, le chef de l'État syrien Bachar al-Assad l'a félicité et a indiqué vouloir construire une coopération bilatérale dans divers domaines avec lui. Le communiqué de la présidence syrienne indiqua que « *le président al-Assad a exprimé son attention et son intérêt pour le travail avec le nouveau président iranien visant à améliorer la voie des relations bilatérales fondées sur une amitié historique profondément enracinée, une compréhension mutuelle et des intérêts communs entre les deux pays* »[14].

Lors de sa première conférence de presse en tant que président de la République islamique d'Iran, le président Raïssi a évoqué l'avenir de la Syrie. Il est partisan d'une solution qualifiée de libanaise pour l'avenir du partenaire syrien. Il est entendu par cette expression le fait de partager le pouvoir avec les différentes confessions religieuses vivant sur le territoire de la République Arabe de Syrie. Cela ne rentre pas dans la stratégie russe sur l'avenir de la Syrie.

....
14 « President al-Assad congratulates Iranian President Ebrahim Raisi on winning Presidential election », sur *SANA* [En ligne], publié le 19 juin 2021.

Eux souhaitent plutôt voir émerger une décentralisation du pouvoir syrien. Le nouveau Président iranien a également promis à son homologue syrien que son pays investirait massivement dans l'économie syrienne et participerait activement à la reconstruction du pays.

Il demanda également à ce que « *le reste des forces étrangères [soit]retiré du territoire de la Syrie* dès que possible afin que cette nation puisse entamer le processus de reconstruction avec vigueur et rapidité ». Pour rappel, étaient présentes en Syrie des forces spéciales occidentales luttant contre l'État islamique depuis 2015. Le président al-Assad appelait, en vain, à leur retrait.

Il s'est également rendu en Syrie au mois d'août 2021 pour y rencontrer le président du Parlement syrien, Hamouda Sabbagh. Il a déclaré que « *la Syrie a un peuple résilient avec de l'endurance et un gouvernement révolutionnaire. Le gouvernement syrien a héroïquement résisté au terrorisme hébreu et occidental et a gagné* ». Cela démontre, par cette déclaration, l'état d'esprit du nouvel homme fort de Téhéran. Pour ce dernier, l'axe de résistance résiste toujours aux impies occidentaux et hébreux. Leur stratégie de renverser Bachar al-Assad n'a pas fonctionné et la Syrie ne connaîtra pas la situation très précaire que connaît actuellement la Libye.

EN BREF

Ainsi, l'intervention de l'Iran en Syrie a été motivée d'une part par des facteurs essentiellement géopolitiques. En effet, l'Iran axe sa politique de défense sur la protection d'États alliés dans la région pour ne pas avoir à mener bataille sur son propre sol. La dimension religieuse et culturelle est également très importante dans la motivation à intervenir en Syrie. La protection de la mosquée de Zaynab est l'un des principaux moteurs de l'intervention du pays des mollahs en Syrie. Cette dernière était initialement plutôt discrète. La bévue de l'un des officiers les plus importants des Gardiens de la Révolution a révélé officiellement au reste du monde la présence de l'Iran sur le territoire de Bachar al-Assad mettant ainsi les autorités de Téhéran dans l'embarras. Ensuite, quelle que soit l'alternance politique depuis l'embrasement syrien, l'intervention iranienne dans le dossier syrien a toujours fait l'objet d'un large consensus parmi la classe politique iranienne.

Si l'intervention iranienne fait l'objet d'un large consensus dans la classe politique iranienne, ce n'est pas le cas de la communauté internationale qui estime que celle-ci est illégale. Il conviendra à présent de s'intéresser à la légalité de cette intervention.

CHAPITRE 3

Analyse juridique de l'intervention de l'Iran en Syrie

> « *Le droit international est, pour les États, non seulement, un ensemble normatif, mais aussi un langage commun* ».
> Boutros BOUTROS-GHALI, ancien secrétaire général des Nations unies de 1992 à 1996.

L'Iran intervient donc pendant cette guerre civile et ne s'en cache plus. La Charte des Nations unies de 1945 réprouve formellement tout recours à la force. En effet, l'article 2, paragraphe 4 de la Charte indique que « *les membres de l'Organisation s'abstiennent, dans leurs relations internationales, de recourir à la menace ou à l'emploi de la force, soit contre l'intégrité territoriale ou l'indépendance politique de tout État, soit de toute autre manière incompatible avec les buts des Nations unies* ».

Cependant, l'intervention militaire de l'Iran en faveur de Bachar al-Assad est-elle licite au regard du droit international et de sa pratique ? Pour répondre à cette question fondamentale, il convient tout d'abord de revenir sur la définition de la guerre civile, les interdictions formulées aux États tiers lors d'une guerre civile puis d'analyser l'argumentaire utilisé par l'Iran pour justifier cette intervention.

La notion de guerre civile selon le droit international public

Afin de dégager au mieux la légalité de l'intervention iranienne en Syrie, il convient dans un premier temps de définir la notion de guerre civile. L'Institut de droit international[1], en 1975, développait une définition assez précise. Ainsi, une guerre civile est définie comme étant « *les conflits armés de caractère non interétatique, conflits qui surgissent sur le territoire d'un État* et *qui mettent aux prises :*

a) le gouvernement établi avec un ou plusieurs mouvements insurrectionnels qui visent, soit au renversement du gouvernement ou du régime politique, économique ou social de l'État, soit à la sécession ou à l'autonomie d'une partie de cet État ;

b) deux ou plusieurs groupes qui, en l'absence de tout gouvernement établi, se disputent le pouvoir de l'État »[2].

En ce qui concerne la situation syrienne, le caractère non interétatique est retenu. La Syrie ne fait pas la guerre à l'extérieur de ses frontières mais bel et bien à l'intérieur. Le gouvernement légal fait face à l'organisation d'une insurrection structurée que représente l'Armée Syrienne Libre et

---
1 L'Institut de droit international est fondé en 1873 en Belgique. Il reçut le prix Nobel de la paix en 1904. Il a pour missions principales de promouvoir les droits de l'Homme, soutenir les efforts consistant à éliminer des sociétés les sources de conflits et de codifier le droit international public.
2 « Le principe de non-intervention dans les guerres civiles », sur *Institut de droit international*, résolution prise lors de la session de Wiesbaden en 1975.

qui souhaite renverser Bachar al-Assad en 2011. De plus, depuis 2011, une multitude d'acteurs se bat (gouvernement de Damas, ASL, terroristes, mouvements kurdes).

De plus, l'Institut du droit international développe également une liste excluant des situations comme faisant parties de guerre civile. Ainsi, les conflits décoloniaux, les émeutes, les conflits armés entre entités politiques sont exclus de la liste. La situation syrienne n'est présente dans aucun de ces cas.

La situation de la Syrie depuis 2011 est donc conforme à la notion de guerre civile définie par l'Institut de droit international par une résolution de 1975.

L'interdiction de l'assistance d'État tiers dans une situation de guerre civile

L'Institut de droit international est formel. Les États tiers doivent s'abstenir d'assister les parties à une guerre civile sévissant sur le territoire d'un autre État. En l'espèce, les interventions russes et iraniennes seraient alors illicites. L'Institut dresse une liste d'actions prohibées. Ainsi, les États tiers doivent s'abstenir « *d'envoyer ou de tolérer l'envoi ou le départ de forces armées, de volontaires, d'instructeurs ou de techniciens militaires à l'une des parties à une guerre civile* ; *de former ou d'entraîner, ou de tolérer la formation ou l'entraînement de forces régulières ou irrégulières en vue d'appuyer une des parties à une guerre civile* ». Pour mémoire, l'Iran a envoyé des instructeurs de sa célèbre force spéciale *al-Qods* dès le début de l'insurrection syrienne pour épauler le gouvernement légal de Damas. Le soutien militaire iranien à la Syrie fut croissant. L'Iran fut donc dans l'illégalité internationale dès les premières semaines de la guerre civile syrienne.

De plus, les États tiers doivent s'abstenir « *d'accorder à l'une des parties à une guerre civile une aide financière ou économique de nature à influencer l'issue de cette guerre, sans préjudice de l'exception prévue à l'article 3* ». L'Iran fournit également ce type d'aide à la Syrie qui s'apparente à une illégalité manifeste mais peut se prévaloir de l'exception décrite précédemment. Cette dernière autorise les États tiers à la guerre civile de fournir « *une aide humanitaire, de continuer une aide technique ou économique qui ne serait pas de nature à exercer une influence substantielle sur l'issue de la guerre civile, de prêter une assistance ordonnée, autorisée ou recommandée par l'Organisation des Nations unies conformément à la Charte et aux autres règles du droit international* ».

Ainsi, si l'on se base sur la résolution de 1975, l'intervention de l'Iran dans la guerre civile présente une illégalité manifeste. Cependant, l'Iran appuie son argumentaire sur un autre pan du droit international public : celui du consentement syrien à l'intervention iranienne sur son territoire.

L'argumentaire utilisé par l'Iran pour justifier son intervention en Syrie

Il existe en droit international des exceptions approuvant le recours à la force armée. Ici, deux hypothèses sont à distinguer. La première indique que le recours à la force est légal si l'État consent à une intervention sur son territoire et la seconde est relative au lien de nationalité, c'est-à-dire une intervention armée pour protéger ses ressortissants. Cette dernière hypothèse sera exclue de la présente analyse.

Parmi ces deux hypothèses, le droit international distingue deux solutions. Le consentement pour faire face à une agression étrangère et le consentement pour faire face à une situation de guerre civile. La seconde solution est celle qui concerne la situation de l'Iran et de la Syrie.

Le droit international pose alors certaines conditions de validité pour que l'intervention armée d'un État en faveur d'un autre dans une situation de guerre civile soit légale. Il est question tout d'abord de l'autorité qui fait appel à l'intervention étrangère d'un État. Il doit s'agir d'une autorité légale de l'État, c'est-à-dire un président de la République, un roi, un chef du gouvernement en exercice. Cette condition est donc vérifiée du point de vue de l'Iran. En effet, c'est le président de la République arabe de Syrie, Bachar al-Assad, qui a demandé l'aide de l'Iran dans ce conflit. Cependant, du côté occidental, le président al-Assad n'a plus aucune légitimité en 2013 et l'Occident reconnaît le CNS comme seul représentants légitimes de la Syrie. Marc Weller, professeur de droit international à l'université de Cambridge, résumait la position des pays reconnaissant le CNS comme seul interlocuteur légitime ainsi : « *un très grand nombre d'États ont déterminé que le gouvernement Assad ne peut plus prétendre représenter le peuple de la Syrie. C'est l'opposition qui est le véritable représentant de la Syrie. Ayant été désavoué par une si grande partie de sa population, et sur une si longue période, le gouvernement Assad ne peut plus légalement inviter une force militaire étrangère à intervenir et à combattre en son nom* »[3].

....
3   BABAEIZADEH BALMERI Mohsen, « *Le conflit syrien au regard du droit international : quelles évolutions en matière de maintien de la paix et de la sécurité internationales ?* », thèse soutenue le 19 mars 2020, à l'université de Lorraine, Nancy, France, page 157.

Cependant, bien qu'il existe une opposition politique et militaire unifiée, le CNS, la République arabe de Syrie est toujours considérée internationalement comme l'entité représentant la population syrienne. C'est cette dernière, qui a, par exemple, signé un accord international sur le démantèlement des armes chimiques.

Cependant, s'il apparaît de prime abord que ces conditions sont validées et confirment la licéité de l'intervention iranienne en Syrie au regard de la position iranienne, la doctrine[4] de droit international public estime que l'intervention militaire d'un État tiers à la guerre civile est interdite et que ce dernier ne peut intervenir au profit de l'État hôte, ce qui est contraire au droit à l'autodétermination des peuples[5]. Cette interdiction posée possède elle aussi des exceptions, au nombre de trois, dont une qui fut appliquée par l'Iran. Les trois exceptions sont la libération de ressortissants nationaux étant en danger dans le pays hôte, l'intervention contre des rebelles ayant mené des attaques à la frontière et enfin il y a la question de la lutte contre le terrorisme. C'est sur cette dernière exception que l'Iran a fondé juridiquement son intervention militaire en Syrie. En effet, au pays de Bachar al-Assad, existent des groupes terroristes islamistes comme *al-Qaïda*, *al Nosra* ou encore *Daesh*. En ce sens, la résolution 2249 de 2015 du Conseil de Sécurité des Nations unies

---

4 En droit, la doctrine se définit comme étant l'ensemble des avis et des opinions sur le droit exprimé par des juristes lors de travaux de recherche par exemple. La doctrine est une source indirecte du droit.

5 BABAEIZADEH BALMERI Mohsen, « *Le conflit syrien au regard du droit international : quelles évolutions en matière de maintien de la paix et de la sécurité internationales ?* », thèse soutenue le 19 mars 2020, à l'université de Lorraine, Nancy, France, page 155.

demande en effet aux États membres de l'ONU de coordonner leurs actions contre Daesh et d'éliminer son sanctuaire en Irak et en Syrie. Mais quand l'Iran est intervenu la première fois, ce fut en 2011 et ces groupes terroristes n'avaient pas encore l'importance qu'ils ont eue. Pour les Occidentaux, l'Iran ne peut donc se prévaloir de cette résolution. En effet, la notion de terroristes n'est pas entendue de la même façon. Pour les Occidentaux, les terroristes présents en Syrie appartiennent aux groupes *al-Nosra*, *Daesh* et *al-Qaïda*. Ces trois groupes partagent la même particularité de promouvoir un « islam » rigoriste et violent, de propager la terreur là où ils sévissent (exécutions sommaires, viols, tortures, extorsion de fonds, attentats, attentats suicides, prises d'otages), de détruire ou affaiblir l'Occident et de vouloir instaurer un califat. Pour la Russie, la Syrie et l'Iran, cette notion de terroristes regroupe la précédente mais regroupe également les rebelles de l'Armée Syrienne Libre et les forces kurdes.

La seconde pose la condition de la valeur du consentement. Ce dernier doit être libre. Ici se pose alors la question de la demande d'intervention syrienne auprès de l'Iran. Bachar al-Assad a-t-il demandé librement cette intervention ou bien a-t-il été largement influencé par les autorités iraniennes pour qu'elles puissent développer leur influence en Syrie ? En outre, ce principe exige que l'Etat requérant l'intervention d'un État tiers soit reconnu internationalement et contrôle son territoire. Au moment où la Syrie a demandé l'intervention de l'Iran, cette condition n'était pas valide. Le territoire syrien était alors fragmenté entre les territoires sous le contrôle des rebelles de l'ASL, des territoires sous le contrôle des terroristes islamistes et enfin des territoires sous le contrôle du gouvernement légal.

EN BREF

La doctrine juridique en droit international estime que toute assistance, et donc une intervention militaire au profit d'un gouvernement, est prohibée pour un État tiers à la guerre civile avec quelques exceptions.

Pour justifier son intervention et contrer ses détracteurs, l'Iran use d'un autre argument : le consentement à l'intervention de la part de la Syrie pour que l'Iran intervienne en sa faveur contre les forces rebelles. Pour mémoire, il s'agit de l'argumentaire avancé par la France pour déclencher l'opération Serval en janvier 2013 au Mali.

CHAPITRE 4

Les réactions à l'engagement iranien en Syrie

> *« Ces pays [Bahreïn et Emirats arabes unis] en sont venus à comprendre que le danger ne vient pas d'Israël mais vient d'Iran. Les Bahreïnis et les Émiratis ont compris qu'il était temps pour eux de signer cet accord historique, et qu'ils puissent étendre leurs relations diplomatiques avec Israël».*
> Mike Pompeo, ancien secrétaire d'État américain de 2018 à 2021, propos prononcés en septembre 2020.

Comme lors de toute intervention militaire, cela suscite des réactions à l'international mais également sur les scènes intérieures locales. Lors de l'intervention iranienne en Syrie, deux blocs se dégagent. Il existe des États plutôt favorables à cette intervention comme la Russie ou même l'État syrien puis des pays qui y sont farouchement opposés comme Israël ou l'Arabie saoudite. Outre la dimension internationale de ces réactions, étudier la réaction des Iraniens à l'engagement de leur pays en Syrie est intéressant.

Les réactions favorables à l'intervention iranienne

Sans surprise, la Syrie et la Russie sont les États qui saluent cette intervention de l'Iran en Syrie. L'objectif affiché est de lutter contre les forces « terroristes » de l'opposition modérée et les forces djihadistes soutenues par les monarchies du Golfe.

La Russie et la Syrie entretiennent des relations privilégiées qui datent de la guerre froide. La Syrie faisait partie du bloc soviétique, ce qui explique la présence nombreuse de matériel militaire de conception soviétique ou maintenant de conception russe dans l'arsenal militaire syrien. Le premier accord de défense entre les deux pays date de 1954. En 1971, les deux pays signèrent un accord pour que la marine soviétique ait accès au port syrien de Tartous. Les Soviétiques ont ce qu'ils ont toujours souhaité : l'accès à une mer chaude et un accès direct à la mer Méditerranée. La Russie, agissant dans la continuité stratégique de l'Union soviétique, est toujours influente en Syrie. Elle s'opposa également aux sanctions internationales contre son allié syrien et intervint militairement, par les airs, en 2015 afin de soutenir le régime de Bachar al-Assad, en grande difficulté près de Damas. Cependant, la Russie s'est toujours refusée à envoyer des troupes au sol pour participer aux actions de soutien en faveur du régime légal de Damas. L'Iran joua alors ce rôle. Un chapitre spécifique sur la relation Iran-Russie en Syrie y est dédié.

L'Irak est dans une position délicate lors du déclenchement de la guerre civile syrienne, avant que *Daesh* n'émerge. En effet, le pays est plongé dans une lutte d'influence depuis 2003 entre Américains et Iraniens. Bagdad doit alors jouer aux équilibristes bien que penchant en faveur de Damas. Ainsi, en 2011, l'ambassadeur du Qatar en Syrie a invité plusieurs ambassadeurs arabes avec le ministre syrien des Affaires étrangères dans sa résidence. L'ambassadeur irakien fit remarquer que «*les mêmes personnes qui ont conspiré contre l'Irak [pendant la guerre de 2003] conspirent maintenant contre la Syrie*»[1]. Son homologue saoudien n'a guère apprécié cette sortie de son homologue, lequel déclara en réaction «*je vous défie de les nommer. Je vous défie!* »[2]. Le ministre syrien des Affaires étrangères a tenté de calmer la situation en déclarant que «*l'ambassadeur irakien fait référence à al-Qaïda et aux salafistes, pas à l'Arabie saoudite*»[3]. Les autorités irakiennes déclarèrent publiquement au début de la guerre civile syrienne qu'un dialogue devait être trouvé entre Damas et les rebelles. Cependant, en privé, les responsables politiques irakiens souhaitèrent la victoire du clan al-Assad pour éviter que le pays ne tombe sous la houlette des forces sunnites régionales. Par exemple, l'Irak s'abstint de voter l'exclusion de la Syrie de la Ligue Arabe en novembre 2011. L'Iran profita de son influence en Irak et fit passer des avions-cargos chargés d'armes à destination de la Syrie via l'espace aérien irakien. En réaction, les États-Unis firent pression sur Bagdad. En septembre 2012, la secrétaire d'État américaine Hillary Clinton reçut l'engagement du ministre irakien des Affaires étrangères d'inspecter les vols entre l'Iran et la Syrie. L'Irak est resté une voie d'approvisionnement privilégiée pour les armes iraniennes vers la Syrie, y compris les roquettes,

---

1 Al-KHOEI Hayder, « Syria: the view from Iraq », sur *European Council on foreign regions* [En ligne], publié le 14 juin 2013.
2 *Ibid.*
3 *Ibid.*

missiles antichars et mortiers. Un responsable américain déclara en décembre 2012 que les États-Unis exhortaient « *(…) l'Irak à faire preuve de diligence et de cohérence dans le respect de ses obligations et engagements internationaux, soit en continuant d'exiger des vols au-dessus du territoire irakien en route vers la Syrie depuis l'Iran d'atterrir pour inspection, soit en refusant les demandes de survol d'avions iraniens se rendant en Syrie* »[4]. Le secrétaire d'État américain John Kerry implora le Premier ministre irakien Nouri al-Maliki de prendre des mesures pour arrêter les expéditions iraniennes vers la Syrie via l'espace aérien irakien. Il déclara « *j'ai dit très clairement au Premier ministre que les survols depuis l'Iran aident en fait à soutenir le président Assad et son régime* »[5]. Bagdad ferma également les yeux devant l'accroissement significatif de ressortissants irakiens se rendant en Syrie pour combattre les rebelles. Bien que soutenant tous deux le régime, Bagdad et Téhéran le font pour des raisons différentes. Téhéran pour ne pas perdre un allié régional stratégique tandis que Bagdad a une peur viscérale de voir tomber Damas dans les mains des sunnites.

La position de l'Égypte vis-à-vis de l'Iran en Syrie dépendit fortement du chef de l'État au pouvoir. Quand Mohamed Morsi le fut, l'Égypte était opposée au gouvernement légal de Damas et donc par extension à l'intervention iranienne. Il s'est également permis, en visite officielle à Téhéran, de critiquer Bachar al-Assad lors du sommet des pays non-alignés, en août 2012. Il soutint également la position des Emirats arabes unis au sujet des îles du golfe Persique contestées

---

4   ROWAN Mattisan, Part 2: Iran in Syria Timeline, sur *United States Institute of Peace* [En ligne], publié le 10 avril 2018.

5   *Ibid.*

avec l'Iran. Ces deux prises de positions irritèrent fortement Téhéran. Depuis que le général al-Sissi est au pouvoir, dès 2013, il adopte une position plutôt mesurée et amicale envers l'Iran. Il poursuit les nombreux efforts de normalisation de leurs relations mutuelles depuis 2003. Le 23 septembre 2013, lors de l'Assemblée générale des Nations unies, les ministres des Affaires étrangères des deux pays se sont rencontrés et ont échangé à propos du dossier syrien. Le ministre égyptien souhaita se démarquer de la politique syrienne de l'Arabie saoudite et déclara que *« la coalition qui combat en Syrie peut vouloir changer le régime dans le pays, mais cela n'est pas la position de l'Égypte »*[6]. Ces déclarations et les dernières positions du Caire dans le dossier syrien énervèrent très sensiblement Riyad. Le revirement de l'Égypte est à 180 degrés ! En effet, d'une part l'Égypte ne participa pas à l'opération lancée par l'Arabie saoudite contre le Yémen mais également l'instance égyptienne décidant quels films étrangers seraient diffusés dans les cinémas égyptiens approuva le film iranien *Bodyguard*, qui glorifie le général iranien Qassem Soleimani. Cependant, l'une des rares exigences de l'Égypte dans le dossier syrien est le renvoi de toutes les milices étrangères présentes en Syrie donc celles sous le commandement iranien.

Éloigné géographiquement du Moyen-Orient, le Venezuela est un État sensiblement et historiquement proche de Téhéran et de Damas, certainement par antiaméricanisme commun. Le maître de Damas s'est rendu plusieurs fois au Venezuela dans la première décennie des années 2000. Le Venezuela a toujours soutenu Damas dans ses combats régionaux (récupération du Golan, soutien à la Palestine, condamnation

---

6 ROHALLAH Faghini, « How Syria is pushing Egypt and Iran closer » sur *Al-Monitor* [En ligne], publié le 18 octobre 2016.

de la politique israélienne). Tout naturellement, Caracas soutient l'intervention iranienne en Syrie.

De plus, la Chine soutient également à demi-mot l'Iran en Syrie. L'Empire du Milieu a une tradition diplomatique prônant la non-ingérence dans les affaires internes d'un pays. Il fut donc un soutien de taille lors des diverses réunions du Conseil de sécurité des Nations-Unies, en apposant aux côtés de Moscou, dix fois son *veto* à toute initiative visant à intervenir un peu trop directement dans les affaires internes syriennes. Le soutien de Pékin à Damas eut pour principal effet de consolider les liens diplomatiques avec Moscou et Téhéran.

À l'intérieur des frontières de la Syrie, le rôle de l'Iran fait débat. Il ne faudrait pas que Damas tombe complètement sous le contrôle de Téhéran. Le régime de Bachar al-Assad doit alors jouer aux équilibristes avec son puissant allié régional qui profite de cette situation pour s'affirmer davantage. Il ne faut pas froisser cet allié de poids mais il faut à tout prix trouver des contre-pouvoirs. Les politiques syriens, fidèles à Bachar al-Assad, estiment que leur pays est devenu un jouet régional dans les mains de l'Iran. Les soldats syriens ne considèrent pas leurs homologues iraniens comme des acteurs déterminants dans le conflit. Les officiels syriens ont même exprimé leurs regrets quant aux déclarations publiques de l'Iran faisant état du déploiement de troupes dans les secteurs d'Alep et de Lattaquié. Les Syriens estiment même que ce qui a poussé l'Iran à intervenir était davantage lié au maintien de l'axe chiite plutôt que d'épauler le gouvernement légal de Damas. Toutes ces critiques ne sont pas formulées officiellement et encore moins publiquement. L'armée syrienne n'éprouve, en outre, aucune sympathie particulière pour son homologue iranienne. Cela s'explique par les différences culturelles et de doctrine entre les deux armées. Pour rappel, la Syrie a été formée « à la Soviétique », comme les anciens États du Pacte de Varsovie. De plus, à la différence de l'armée iranienne, l'armée syrienne est laïque. Elle n'utilise pas la religion pour motiver ses troupes. Ces différences ont eu des conséquences sur le terrain. Elles ont entravé la coopération sur le terrain entre les deux armées. À ce désordre amical, s'ajoute l'influence des milices armées soutenues par Téhéran. Damas se méfie du *Hezbollah* libanais à cause de la présence de la religion qui est très importante dans ses rangs, à la différence du pouvoir syrien. Comme pour l'Iran, leurs implications sont vues par Damas comme un moyen de protéger absolument ses lignes d'approvisionnement en armement et logistique plutôt que d'épauler le régime de Bachar al-Assad. L'Iran n'hésita pas non plus, comme au début des années 2000, à fomenter des attentats pour asseoir sa domination sur le gouvernement de Damas. En ce sens, en 2012, des responsables turcs et syriens se sont rencontrés secrètement afin d'étudier la question des répressions de manifestants quand ils ont été frappés par un attentat à la bombe. Téhéran ne tolérera pas qu'Ankara vienne s'immiscer dans son pré carré.

Du côté de la population syrienne, il n'y a pas de véritable enthousiasme en l'intervention iranienne. Cela s'est remarqué quand le charismatique général Qassem Soleimani a été assassiné en 2020. À la différence de l'Irak voisin où une partie de la population a été affectée, la population syrienne n'a pas manifesté de signes particuliers d'émotion à l'annonce de sa mort.

Au niveau économique, la Syrie a préféré multiplier ses approvisionnements avec plusieurs États. L'Iran n'étant qu'un partenaire parmi tant d'autres. La Syrie, même embourbée dans ce conflit, continuera cette politique qu'elle avait initiée avant la guerre. Pour mémoire, avant le conflit, l'UE représentait 25 % des importations totales. Cela représentait 17 milliards de dollars pour la Syrie et l'Iran ne représentait que 300 millions de dollars de sa part des importations en Syrie. Cependant, l'Iran est bien présent dans la vie économique syrienne. L'influence économique de l'Iran en Syrie semble s'être considérablement accrue. Enfin, des accords d'échanges financiers avec le régime syrien ont été conclus par l'Iran. Il semble que l'Iran, du moins au niveau gouvernemental, se soit davantage concentré sur le front militaire plutôt que sur le front économique. Malgré ces réticences exprimées par une partie de la classe politique et de la population syrienne, l'intervention de l'Iran au profit de Bachar al-Assad a été déterminante et les Syriens le savent bien. L'Iran a été au premier plan de la lutte contre « le terrorisme impérialiste » mené sur le sol syrien, indirectement par l'Occident, avec la Russie.

Depuis la fin du XXe siècle, les participants à des guerres ou conflits armés tentent de minimiser au maximum les pertes humaines lors de leurs engagements sur un théâtre d'opérations. Les populations civiles ont du mal à accepter l'idée que des concitoyens puissent y laisser leur vie. L'Iran n'échappe pas à cela mais sa population se montre prête à accepter des pertes humaines importantes de leur armée. Cela témoigne donc d'une forme de réussite de la part du gouvernement iranien qui a su démontrer que son intervention en Syrie était nécessaire. Les sondages d'opinion parmi la population iranienne montrent qu'une grande partie des Iraniens la soutient malgré des pertes Les Iraniens la soutiennent tout d'abord pour des motifs religieux. Le gouvernement iranien a axé sa communication sur l'idée de la défense des chiites en Syrie. Il convient de rappeler que les milices chiites combattant en Syrie sous la mainmise iranienne sont appelées les « défenseurs du sanctuaire ». De plus, le 24 août 2012, le mausolée Mashad al-Saqt a été attaqué par les rebelles syriens, ce qui a choqué nombre d'Iraniens. Selon un sondage, 89 % des Iraniens soutiennent la défense des sites religieux chiites comme objectif de la politique iranienne en Syrie[7]. La deuxième motivation du soutien de la population iranienne à cette intervention en Syrie est la crainte de voir le groupe terroriste *Daesh* s'étendre trop à destination de l'Iran. En ce sens, le pouvoir joue habilement sur cette peur de la population iranienne en faisant des déclarations plutôt alarmistes. Le Guide suprême de la Révolution islamique Ali Khamenei déclarait que « *si les terroristes de l'EI n'étaient pas arrêtés, nous devrions les combattre à Kermanshah et Hamadan* »[8]. Les Iraniens sont favorables à 87 % dans la lutte engagée par leur pays contre *Daesh*[9].

Enfin, la dernière motivation est la limitation de l'envoi de troupes en Syrie. L'Iran utilise davantage des milices chiites étrangères pour combattre en Syrie que ses propres troupes, cela limite ainsi fortement le nombre de victimes iraniennes. Les pertes iraniennes, environ 2100 hommes tués entre 2013 et 2017, ne représenteraient qu'environ 50 % des décès des troupes sous commandement iranien. Le nombre de généraux iraniens décédés (39 en 2017) témoigne de la limitation de l'engagement iranien et ce dernier se faisant davantage dans des missions de

---

7   ASADZADE Peyman, Iran's involvement in Syria is costly. Here's why most Iranians still support it, sur *The Washington Post* [En ligne], publié le 19 octobre 2017.
8   *Ibid.*
9   *Ibid.*

formation et d'accompagnement des troupes syriennes ou des milices pro-régime.

Les voix dissidentes en Iran se font rares. Cependant, un ayatollah a remis en cause la stratégie iranienne en Syrie dès 2011. Il s'agit de l'ayatollah Dastgheib, membre de l'Assemblée des experts et guide spirituel des musulmans chiites. Il déclarait le 23 juin 2011 « *où doit-on dépenser la richesse publique qui pourrait faire de ce pays l'un des meilleurs au monde ? Devrait-il être envoyé en Syrie, afin qu'ils puissent opprimer le peuple?* »[10]. Certains médias iraniens s'opposèrent à la guerre également. Ces derniers fustigent le fait que le gouvernement iranien ait utilisé des réfugiés afghans chiites en Iran pour aller combattre en Syrie. En 2015, un groupe d'activistes politiques iraniens lança une campagne intitulée « Pour la Syrie » avec pour objectif de « faire la lumière sur le rôle criminel du gouvernement iranien dans la crise syrienne ». Il n'y a pas non plus un consensus total de la classe politique iranienne à ce sujet. Le Mouvement Vert d'Iran s'oppose au régime de Bachar al-Assad et à l'intervention de l'Iran en Syrie en sa faveur.

Les réactions défavorables à l'intervention iranienne

L'intervention de l'Iran en Syrie a été accueillie très timidement par les pays de la région, voisins de la Syrie (Turquie, Israël, Jordanie, Koweït, Arabie saoudite, Qatar et EAU) ainsi que par les rebelles syriens de l'Armée Syrienne Libre. Les forces kurdes de Syrie adoptent une position plus mesurée à l'égard de l'Iran. Les États occidentaux se

---

10 ABDO Geneive, How Iran Keeps Assad in Power in Syria, sur *InsideIran* [En ligne], publié le 5 septembre 2011.

montrent également très critiques envers cette intervention de l'Iran.

L'opposition syrienne rassemble diverses formations et groupuscules armés, décrits en avant-propos. L'opposition syrienne à Bachar al-Assad reste souvent désunie et n'a pas les mêmes objectifs stratégiques. Cependant, face à la question de l'engagement iranien en Syrie, l'opposition se trouva unie. Sans surprise, elle la condamna et la combattit sans relâche. Les Iraniens sont vus comme des ennemis fanatisés par la religion par les rebelles syriens. Tout ce qu'ils exècrent. Pour les rebelles, l'Iran représente deux principales menaces. Tout d'abord l'Iran est un soutien militaire direct et contribue au renforcement stratégique de l'armée syrienne régulière. Ensuite, par ses actions, l'Iran renforce les groupes chiites armés dans la région comme le *Hezbollah* ou les autres milices affiliées à Téhéran. Par exemple, le groupe chiite *Ahrar al-Sham* a appelé à un « *nettoyage complet de la Syrie* ». Les rebelles ont appelé leurs soutiens occidentaux à lutter ensemble pour contrer « l'occupation de la Syrie par l'alliance russo-iranienne ». Ils préfèrent davantage parlementer avec la Russie qu'avec l'Iran. Cependant, les rebelles ont rejeté, en janvier 2016, le plan de paix proposé par la Russie en raison de l'implication de l'Iran. Il est vu comme un plan « russo-iranien ». Cependant, certains groupes rebelles espèrent que l'influence de Téhéran sur Damas aura des incidences sur un accord futur de paix.

Les Kurdes syriens vivent principalement dans le nord de la Syrie, à la frontière turco-irakienne. Cette zone s'appelle le Rojava. La plupart des Kurdes syriens sont représentés par le Parti de l'Union Démocratique. Les Kurdes agissent avec pragmatisme dans cette guerre civile. Ils essaient de ménager au maximum leurs intérêts dans la région, ne pas froisser de potentiels ennemis, et surtout face à l'ennemi turc. L'Iran est vu par ces derniers avec une grande méfiance. Tous les partis politiques kurdes du Rojava sont hostiles à toute ingérence iranienne dans les affaires kurdes. Leurs homologues iraniens se battent toujours contre le pouvoir iranien pour obtenir des droits politiques. C'est ainsi que les différentes milices pro-Iran installées à proximité de leur territoire inquiètent les Kurdes syriens. Ils tentent de vivre en bonne intelligence mais malgré tout, des combats sporadiques peuvent éclater entre groupes kurdes et milices soutenues par Téhéran. Les Kurdes syriens tentent alors de se mettre sous la protection du régime syrien pour ne pas subir de violentes attaques ou des tentatives d'extension des zones d'influence tenues par les milices chiites soutenues par Téhéran.

Les États du golfe Persique ont réagi unanimement à l'annonce de l'intervention iranienne en Syrie. Cela les a poussés à conclure rapidement que le conflit syrien était en réalité une guerre régionale par procuration et cela les a inquiétés fortement. Ces États vont alors tout faire pour tenter de saper l'influence iranienne sur la situation syrienne et l'idéal serait de réellement repousser cette influence de l'Iran en dehors des États arabes du Liban, de la Syrie et d'Irak. Ils sont inquiets de l'influence de l'Iran grandissante sur les groupes chiites de la région comme le *Hezbollah* au Liban ou encore les Houthis au Yémen. Les monarchies du Golfe entendent marginaliser le rôle de l'Iran dans la résolution de la crise syrienne, voire dans la région. Les États occidentaux ne soutenant pas forcément les positions des États du Golfe, ces derniers négocient davantage l'avenir de la Syrie avec Moscou. Russie et Etats du Golfe ont plus d'intérêts convergents qu'il n'y paraît. Ces intérêts, s'ils convergent réellement, pourraient alors réduire considérablement l'influence de l'Iran en Syrie et donc dans la région. Riyad et Abu Dhabi ont la conviction que le maintien du gouvernement légal de Damas suffira à restaurer le calme dans la région. Le Qatar fait figure d'exception dans son attitude vis-à-vis de l'intervention de l'Iran en Syrie. Le pays soutient en effet les Frères musulmans syriens contre le régime de Bachar al-Assad. L'émirat qatari est perçu par ses voisins du Golfe comme ayant une ligne trop favorable à l'Iran. L'Arabie saoudite, les Emirats arabes unis et Bahreïn ont alors isolé le Qatar diplomatiquement.

Le Conseil de coopération du Golfe (CCG) a été créé en 1981. Il regroupe six États partageant la similitude de partager les rives du Golfe persique. Ainsi, il est composé de l'Arabie saoudite, du Koweït, de Bahreïn, des Emirats arabes unis, du Qatar et d'Oman. Sous la houlette des États-Unis, ce Conseil a le but d'assurer la stabilité économique et politique de la région, sous-entendu contre l'Iran et ses diverses menaces. Ils coopérèrent également dans le domaine militaire. Il convient de se souvenir que les forces du CCG sont intervenues pour mater la révolte à Bahreïn en 2011. Lors du déclenchement de la guerre civile en Syrie la même année, le CCG a été actif dans l'aide apportée aux rebelles au régime de Bachar al-Assad. L'Arabie saoudite et le Qatar ont été particulièrement actifs dans la livraison d'équipements militaires et dans l'aide logistique apportée aux rebelles. Ils se partagèrent même géographiquement des zones de livraison : le Qatar et la Turquie équipèrent les rebelles syriens dans le nord du pays tandis que l'Arabie saoudite et la Jordanie équipèrent ceux du sud. En ce qui concerne l'intervention iranienne en Syrie, le CCG apprécie cette situation comme une suite logique à ce qui est considéré comme une guerre froide entre l'Iran et ses alliés et l'Arabie saoudite et ses alliés. Le CCG est particulièrement inquiet de l'influence de Téhéran auprès des différentes milices engagées en Syrie. Le *Hezbollah*, signifiant parti de Dieu, est surnommé dans le Golfe le parti de Satan! Le CCG, orphelin de l'Occident qui ne s'est pas pleinement engagé dans le dossier syrien, se tourna alors vers Moscou pour contrebalancer l'influence de Téhéran en Syrie. Malgré une nette opposition de fond entre le CCG et la Russie, l'un soutenant les rebelles, l'autre le pouvoir central, des intérêts communs existèrent entre les deux. Par exemple, le CCG estima que le maintien des institutions existantes en Syrie en excluant toute milice chiite aurait pu continuer de maintenir la sécurité en Syrie. Ce point est similaire aux attentes de Moscou dans l'après-guerre civile.

Entre l'Iran et la Turquie, les relations bilatérales sont tumultueuses depuis la Révolution islamique iranienne de 1979 et surtout ces dernières années. Des crises diplomatiques éclatèrent entre les deux puissances au sujet de questions liées à la place de l'islam dans la société turque notamment la question du voile en Turquie. L'Iran fustigea le tournant séculariste de la Turquie[11]. Plus récemment, la Turquie a accepté la présence sur son territoire du bouclier anti-missile pour protéger initialement les pays membres de l'OTAN de toute menace russe mais pour Téhéran, ce bouclier est dirigé contre son pays. Il faut également se rappeler de l'annulation de la visite du chef de l'État iranien Mahmoud Ahmadinejad

---

11 RIAUX Gilles, « L'Iran : un partenaire rétif mais inévitable pour la Turquie » dans *La Turquie au Moyen-Orient : un apprentissage de la puissance*, sous la direction de Gilles RIAUX, Études de l'Institut de recherche stratégique de l'École militaire, étude n°28, 2013, p. 41.

en Turquie en 2012, énervant grandement Ankara. Les deux États se battent pour le *leadership* sur le Moyen-Orient. Il est alors tout naturel pour ces derniers de soutenir les groupes se battant contre les intérêts de l'autre État. Ainsi, la Turquie soutient, dès le début, la formation sur son territoire du Conseil National Syrien et son émanation militaire : l'ASL. L'Iran soutient quant à lui le gouvernement légal. La Syrie est donc le terrain des rivalités irano-turques pour asseoir leur puissance dans la région. Le Président turc Abdullah Gül a déclaré que « *la Syrie est la porte d'accès au Moyen-Orient pour la Turquie* »[12]. Son ministre des Affaires étrangères, lui, ira plus loin et estimera que « *le nouveau Moyen-Orient en formation appartient à la Turquie, qui le servira et le guidera* »[13]. Comme le montre Özcan Yilmaz, la Turquie espère réellement que le régime de Bachar al-Assad tombe et qu'un nouveau pouvoir, plus amical, plus sunnite émerge. Face à l'intransigeance des Iraniens en Syrie sur le maintien au pouvoir de Bachar al-Assad, la perspective d'un assouplissement de la position de l'Iran liée au changement de président de la République en 2013 est vue en Turquie comme un nouveau moyen de se réconcilier avec Téhéran. Ainsi, le ministre des Affaires étrangères turc, Ahmet Davutoğlu, s'est rendu à la cérémonie d'investiture du nouveau président iranien Hossan Rohani[14]. La Turquie fait de la Syrie un futur acteur incontournable au Moyen-Orient pour Ankara afin de

....
12 YILMAZ Özcan, « Syrie : Ankara contre Téhéran ? », sur *Politique étrangère*, 2014/3 (Automne), p. 121-131.
13 *Ibid.*
14 RIAUX Gilles, « L'Iran : un partenaire rétif mais inévitable pour la Turquie » dans *La Turquie au Moyen-Orient : un apprentissage de la puissance*, sous la direction de Gilles RIAUX, *op.cit.*, page 44.

pouvoir tenir à l'écart les ambitions iraniennes ou bien encore l'ennemi héréditaire grec. La question kurde motive également le choix d'Ankara de rester actif dans le dossier syrien. Cependant, la Turquie a oublié un paramètre dans l'équation syrienne. L'Iran ne lâcherait jamais le seul État allié de la région et interviendrait au moindre soupçon de révolte, ce qu'il fit. Cela a alors complexifié les marges de manœuvre qu'avait le pouvoir turc sur la résolution du conflit syrien quand Damas faillit tomber. Avec le puissant soutien des Iraniens, Damas a résisté et a vaincu les oppositions armées et terroristes sur son territoire. La stratégie turque visant à renverser al-Assad a donc échoué. Le Premier ministre turc estime donc que « *la résolution du conflit syrien implique de parler à l'Iran et à la Russie* »[15]. Pire, cela a eu des répercussions sur le voisin commun de l'Iran et de la Turquie. En effet, les élections législatives irakiennes ont donné vainqueur le parti de Nouri al-Maliki, chiite, soutenant Téhéran, face au candidat soutenu par Ankara. La Turquie est donc très isolée au Moyen-Orient. Pour se défaire de ces échecs, elle fut alors active dans les initiatives régionales de médiation et de résolution de la crise syrienne, avec les deux autres puissances tutélaires de la Syrie : l'Iran et la Russie. Un chapitre y est dédié.

La Jordanie a pris fait et cause dès le début du conflit syrien pour l'opposition à Bachar al-Assad. Les deux pays ont alors entretenu des relations assez compliquées. Le roi de Jordanie, Abdallah II, a même été le premier dirigeant de la région à appeler au départ de Bachar al-Assad. Amman accueille avec une grande méfiance la présence des Iraniens

---

15 *Ibid.*

en Syrie, en particulier des milices pro-Iran se trouvant sur les frontières nord du royaume. Bien qu'initialement hostile à Damas, Amman décide de s'en rapprocher pour tenter d'atténuer l'influence iranienne en Syrie. La Jordanie compte sur le soutien des États-Unis avec Joe Biden à leur tête afin de pousser l'Irak de Moustafa al-Kadhimi à s'éloigner de Téhéran. Amman est convaincu que les autorités irakiennes ont le pouvoir et la force de limiter les départs de ressortissants irakiens vers la Syrie[16]. De plus, fin mai 2022, les autorités jordaniennes fustigèrent les implications de l'Iran et de la Syrie dans des opérations de contrebande liées au trafic de drogue. Amman craint beaucoup le retrait russe annoncé de Syrie suite à la guerre lancée par la Russie contre l'Ukraine en février 2022. Le contrepoids qu'était Moscou risque de disparaître pour laisser le contrôle total de la Syrie à l'Iran. La Jordanie craint également énormément l'afflux de milices soutenues par Téhéran à ses frontières. Le royaume hachémite avait conclu un accord avec Moscou afin d'empêcher la légion iranienne d'être présente à une distance de 15 km entre les frontières de la Jordanie et la Syrie[17].

Le Koweït se montre quant à lui fortement hostile au régime syrien de Bachar al-Assad. C'est de cet État que proviennent la plupart des financements de l'opposition syrienne. La position du Koweït est claire : ne pas importer

---

16 KILANI Abdulaziz, Jordan's Diplomacy in Syria, Part 2, sur *Newlines Institutes for strategy and policy* [En ligne], publié le 10 novembre 2021.
17 « Détails du rôle déstabilisateur de l'Iran pour la sécurité du Moyen-Orient », sur *SAWT BEIRUT INTERNATIONAL* [en ligne], publié le 13 juin 2022.

le conflit syrien chez lui. En effet, vivent dans ce petit émirat des populations de confessions sunnite et chiite.

En Europe, la France soutint les rebelles dès les premières semaines de la guerre civile syrienne en 2011. Dès 2013, le ministre des Affaires étrangères de la majorité socialiste au pouvoir, Laurent Fabius, fustigeait le rôle de l'Iran dans la guerre civile syrienne et rejetait toute implication de l'Iran dans la résolution de cette crise étant donné le soutien plus qu'accru de Téhéran à Damas[18]. Comme la plupart des États occidentaux, la France s'inquiète de plus en plus de l'influence de l'Iran en Syrie notamment en ce qui concerne le risque de déstabilisation de la région. Les tensions entre Paris et Téhéran furent à leur apogée quand un attentat visant des opposants de l'OMPI[19] en France fut déjoué en 2018, suite à une information du MOSSAD israélien. La réponse de Paris a été forte : la France gela les avoirs de certains responsables des services secrets iraniens. À propos de la situation à Idleb et de l'Iran, en 2018, le ministre des Affaires étrangères français, Jean-Yves Le Drian, déclarait que le « *droit international est violé par la Turquie, par le régime de Damas, par l'Iran et ceux qui attaquent la Ghouta orientale et Idlib* »[20]. La France, cependant, se montre mesurée face à l'implication iranienne en Syrie. Le pays sait malheureusement ce à quoi il s'expose s'il devait être trop hostile vis-à-vis de Téhéran[21]. En effet, un

---

18 « France says 3,000-4,000 Hezbollah are fighting in Syria », publié sur *Reuters* [En ligne], publié le 29 mai 2013.
19 OMPI pour Organisation des moudjahidines du peuple iranien.
20 « France says Turkey, Iran violating international law in Syria », sur *Reuters* [En ligne], publié le 7 février 2018.
21 Je fais référence ici à la guerre Iran-Irak, entre 1980 et 1988. Conflit où la France a soutenu massivement l'Irak contre l'Iran et s'est alors exposée aux représailles de Téhéran au Liban (attentats, prises

millier de soldats français est présent au Liban dans le cadre de la FINUL.

Le Royaume-Uni se montre également très critique vis-à-vis de l'Iran. Le gouvernement de Sa Majesté a exigé que l'Iran cesse de soutenir militairement le gouvernement syrien de Bachar al-Assad, l'exhortant à soutenir les efforts visant à négocier la paix en Syrie. Le ministre britannique des Affaires étrangères, William Hague, déclarait au Parlement que « *nous voulons que l'Iran renonce à soutenir la brutalité du régime d'Assad* »[22].

Les positions d'Israël et des États-Unis font l'objet d'un prochain chapitre.

---

d'otages) mais aussi sur le territoire national français (vagues d'attentats de 1985 et 1986). Pour plus de détails, voir cet ouvrage : BUZAT Antoine, *Les implications de la France pendant la guerre Iran-Irak*, préface de Laurent REVERSO, postface de Jean-Louis BERNARD, Paris, Editions L'Harmattan, 2021, 244 pages.

22 « UK to Iran: Stop military aid to Syria's Assad, work for peace », sur *Reuters* [En ligne], publié le 21 janvier 2014.

EN BREF

L'intervention de l'Iran, depuis 2012, en Syrie a fait couler beaucoup d'encre, notamment dans la diplomatie internationale. Sans surprise, cette intervention est soutenue par la Russie, la Chine et l'Irak qui s'alignait assez régulièrement sur les positions de Téhéran. Les positions de l'Égypte depuis la prise de pouvoir du maréchal al-Sissi et du Qatar sont plutôt surprenantes et sont assez uniques dans le monde arabe (sunnite). La Jordanie adopte une position plus mesurée à l'égard de Téhéran. Le Koweït et le Pakistan s'inquiètent, eux, du retour des milices pro-Iran dans leurs États respectifs. Une importante minorité chiite vit dans chacun de ces deux États. La Turquie voit son rôle de puissance régionale gravement menacé par le retour de l'Iran sur la scène moyen-orientale et elle soutient les rebelles qui luttent contre Bachar al-Assad. Les positions de l'Arabie saoudite, d'Israël, des EAU et de la plupart des pays occidentaux furent assez prévisibles. D'une part, ils soutiennent le camp opposé à celui que l'Iran défend mais ils entendent limiter par tous les moyens l'expansion géopolitique de l'Iran.

CHAPITRE 5

Les milices chiites en Syrie : la Légion étrangère de l'Iran

« *Notre destin, nous le Hezbollah, et celui de nos frères syriens, est le même et indivisible* ».
Hassan Nasrallah, *leader* du *Hezbollah* libanais.

La guerre civile en Syrie revêt également une dimension internationale et bénéficie plus particulièrement d'une solidarité confessionnelle de mouvements, partis et groupes chiites présents au Moyen-Orient. Ces derniers sont alors chapeautés plus ou moins directement par l'Iran. Ainsi, se sont retrouvées en Syrie des milices chiites en provenance d'Afghanistan, du Liban ou encore d'Irak. Au total, il y aurait eu un peu plus de 90 000 hommes combattant dans 73 milices pro-Iran en Syrie. Le but de ce chapitre est de montrer que l'Iran s'appuie sur ces milices pour mener la guerre au sol au profit de l'armée nationale syrienne.

Le lecteur doit être averti que les données chiffrées dans ce chapitre datent de juillet 2017 et que des restructurations géostratégiques ont été opérées par les Iraniens en Syrie depuis. Aujourd'hui, fin 2022, les spécialistes estiment que le nombre de miliciens pro-Iran en Syrie est d'environ 10 000 hommes.

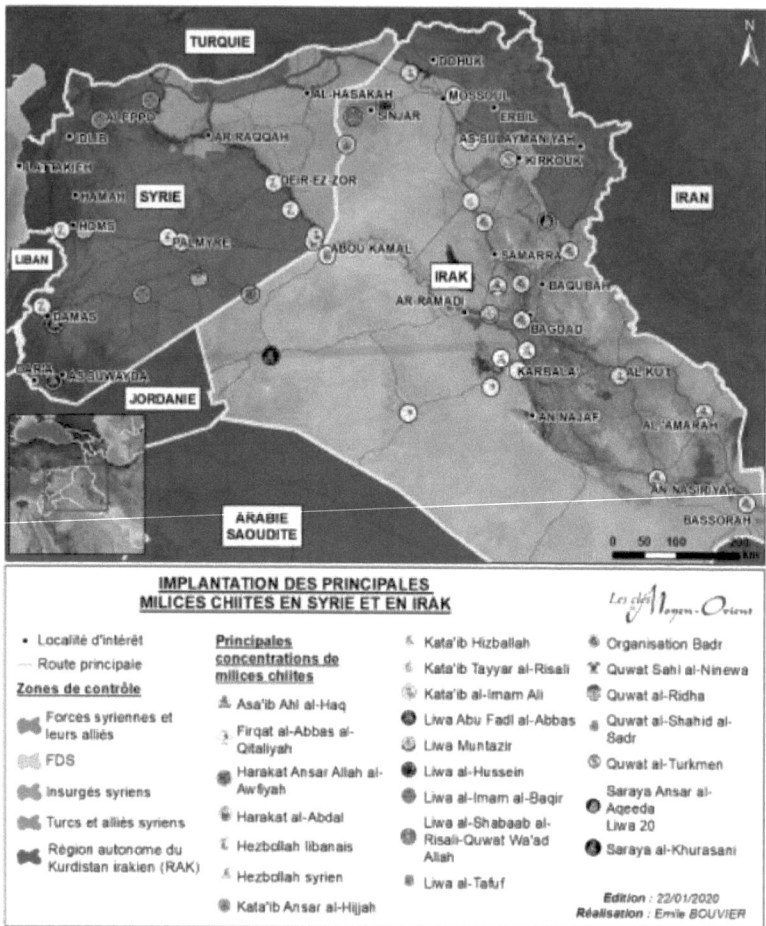

Carte réalisée par Emile Bouvier pour Les clés du Moyen-Orient, illustrant l'article « Les milices chiites au Levant : historique et point de situation de leurs activités. Partie 1 : le Hezbollah libanais, parrain et modèle des milices chiites en Syrie » https://www.lesclesdumoyenorient.com/Les-milices-chiites-au-Levant-historique-et-point-de-situation-de-leurs.html, article publié le 17 février 2020.

Les milices afghanes : la division des Fatimides

Une importante minorité chiite est présente en Afghanistan. Il s'agit de l'ethnie Hazara, vivant dans le centre du pays. Cette dernière est affiliée à la branche duodécimaine du chiisme. Elle a été persécutée quand les talibans arrivèrent au pouvoir au milieu des années 1990, entraînant une montée des tensions avec l'Iran voisin qui avait menacé d'intervenir militairement dans le pays à la fin de cette décennie.

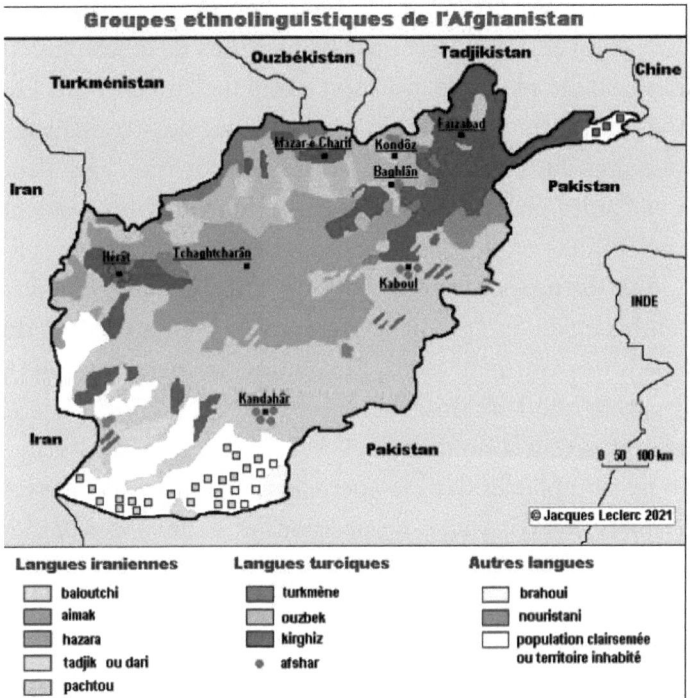

Mosaïque des ethnies vivant en Afghanistan. © Aftab.

La division des Fatimides est une milice islamique chiite composée de combattants d'ethnie Hazara d'Afghanistan. Elle fut créée en 2013 selon certaines sources et était une brigade. Elle évolua en division par la suite. Elle est commandée par Alireza Tavasoli. Cette division est formée par d'anciens commandants de groupes chiites en Afghanistan : le *Sepah-e Muhammad*[1], luttant avec l'Iran contre les talibans, et les *Abezar*, qui ont également combattu pour le compte de l'Iran contre l'Irak entre 1980 et 1988. Ces deux entités ont alors fusionné sous le nom de *Liwa Fatemiyoun* (division des Fatimides) et sont dirigées par les Gardiens de la Révolution iraniens. De plus, elle avait son camp de base en Iran. Les décisions opérationnelles étaient prises par des « conseillers » militaires du CGRI. Les soldats de cette division agissaient sous l'ordre direct de Téhéran étant donné qu'ils opéraient sous la direction de Qassem Soleimani.

Des réfugiés afghans illégaux ont ainsi été envoyés combattre en Syrie pour le compte de l'Iran au travers du Corps des Gardiens de la Révolution Iranienne (CGRI). Il s'avère que l'organisation *Human Rights Watch* a mené une enquête à la fin de l'année 2015 auprès de ressortissants afghans impliqués dans la guerre en Syrie. Il s'avère que ces derniers ont fait l'objet de pressions et de menaces par les officiels iraniens pour que ceux-ci aillent combattre en Syrie. Ce rapport a été consulté par le gouvernement afghan et le porte-parole du ministère afghan de l'Intérieur a déclaré que cela violait toutes les lois internationales d'envoyer des réfugiés combattre dans une zone de guerre. Il convient de rappeler que l'Iran accueille plus de trois millions de réfugiés afghans

---

1   Signifiant « Armée de Mahomet ».

et que parmi ces derniers, seuls 950 000 sont des réfugiés légaux. Tout ceci est officiellement démenti par l'Iran.

La division des Fatimides est engagée sur le théâtre syrien depuis 2012. Son premier contingent est composé d'Hazaras réfugiés en Iran, en Syrie et d'Afghanistan. Les Hazaras syriens ont été les pionniers de l'aide apportée aux autres milices chiites alaouites, les tristement célèbres *Chabiha*, dans la répression des manifestations. Ces derniers ont donc été les premiers afghans chiites à s'enrôler et à combattre aux côtés des Iraniens, du *Hezbollah* et des milices irakiennes. Un deuxième contingent est arrivé d'Iran et fut l'un des plus nombreux. Les hommes composant ce contingent provenaient des grandes villes iraniennes principalement. Le troisième contingent, quant à lui, provenait alors d'Afghanistan et des villes afghanes de Kaboul ou encore d'Herat. La brigade, puis division des Fatimides fut accueillie en Syrie avec la milice irakienne *Kataeb Hezbollah* avec qui il y eut des coopérations tactiques et opérationnelles. La brigade comptait alors environ 3000 hommes tandis que la division une fois formée compte 20 000 guerriers. La division a participé aux combats dans les régions de Palmyre, Alep, Damas, Hama, Homs, Lattaquié ou encore Deir ez-Zor. Les Hazaras ont été les participants ayant payé le plus lourd tribut dans ces combats. Malheureusement pour ces derniers, ils bénéficièrent d'un équipement de piètre qualité et d'une formation militaire sommaire. Les estimations montrent que la division accuse la perte d'environ 8000 soldats selon des estimations hautes[2]. Le fait que des soldats de la communauté Hazara combattent en Syrie ne fait plus aucun doute. Cependant, la

....
2   KPEBE SONHAYE Ornella, Dimension internationale de la guerre civile syrienne : Cas de l'intervention militaire des milices chiites,

question de la raison de cette intervention en Syrie se pose. Est-elle une intervention au motif purement religieux ? Est-ce également une opération de soutien au clan Al-Assad ?

La principale motivation des Hazaras pour aller combattre en Syrie est religieuse et plus particulièrement pour défendre le mausolée de Sayyida Zaynab. Pour rappel, ce mausolée se situe dans la banlieue sud de Damas et est un important lieu de pèlerinage pour la communauté chiite. Ce mausolée subit sans répit les menaces de destruction de la part de *Daesh*. C'est pour cela que les Hazaras afghans se sont décidés, avec la bienveillance de Téhéran, d'aller officiellement le protéger en allant combattre en Syrie. Sur leur page Facebook, on peut lire en 2016 que « *le groupement des Liwa Fatemiyoun fait allégeance à Zaynab. Ils sont bien équipés et déterminés pour défendre la cause de Zaynab. Ils sont prêts à être des martyrs* »[3]. Sur la base de leur foi, les jeunes hommes Hazaras ont répondu présent et se sont rués vers les mosquées pour s'enrôler. La protection de ce mausolée n'est pas leur seule motivation. La seconde est la protection de l'infime communauté Hazara vivant en Syrie.

Les milices irakiennes sous l'emprise de Téhéran

Les relations entre l'Irak et l'Iran sont historiques et conflictuelles notamment concernant la problématique de leurs frontières. L'Iran a particulièrement souffert de l'invasion irakienne de 1980 à 1988 et est déterminé à endiguer

....
mémoire de recherche à l'université Laval, Québec, Canada, 2022, page 81.
3   *Ibid.*

l'émergence d'un nouvel État nationaliste arabe puissant par tous les moyens. La guerre d'Irak de 2003, lancée par les États-Unis et leurs alliés, a permis à l'Iran de jouer un rôle sur la scène internationale en soutenant discrètement l'invasion de son voisin afin de pouvoir infiltrer véritablement le pays. La guerre d'Irak de 2003 a été l'élément déclencheur pour l'Iran de sa politique irakienne[4] et de sa volonté de mainmise sur son ancien ennemi. Dès le début de l'invasion du pays par la coalition occidentale, en mars 2003, une milice chiite irakienne, la brigade Badr, a opéré en territoire irakien pour collecter du renseignement opérationnel sur la position des défenses anti-aériennes de Saddam Hussein dans le sud du pays pour le compte des États-Unis. Iran et États-Unis ont alors cogéré provisoirement l'Irak jusqu'à ce qu'une guerre civile irakienne éclate en 2006. En effet, cette année-là, une guerre confessionnelle émergea après l'explosion d'un mausolée chiite à Samarra. États-Unis et Iran s'appuyèrent ensemble sur la brigade Badr, forte de 10 000 hommes, pour sécuriser la rue irakienne. Cependant, cette brigade avait préparé une liste de responsables de l'ancien parti Baas à exécuter quand Saddam Hussein chuterait ainsi que de citoyens irakiens coupables de collaboration avec ce dernier. À partir de 2007, les groupes chiites affiliés à Téhéran attaquèrent les troupes de la coalition américaine. L'Irak a alors joué le rôle d'intermédiaire entre eux. Un cessez-le-feu précaire est observé en 2008 mais sera bafoué l'année

---

4 Pour plus de détails sur la politique irakienne de l'Iran, voir mon article publié en avril 2022 par le Centre français de recherche sur l'Irak : BUZAT Antoine, *La politique irakienne de l'Iran, de 2003 à nos jours*, sur *Centre français de recherches sur l'Irak* [En ligne], publié le 15 avril 2022.

suivante[5]. Différents groupes miliciens chiites irakiens sont donc nés et firent allégeance à Téhéran. Téhéran fournit armes, financements et formation militaire à ces différents groupes en échange.

Il convient à présent de mesurer l'ampleur de l'engagement de ces milices irakiennes en Syrie. En effet, les milices irakiennes donnent le plus gros contingent à la « légion étrangère » de l'Iran pour combattre en Syrie. En effet, environ 40 000 hommes seraient envoyés en Syrie.

- *Asaïb Ahl al-Haq* (La ligue des détenteurs du droit) : cette milice a été créée indirectement en 2006 par le CGRI. Qassem Soleimani en serait le créateur. Son principal but est d'instaurer en Irak, comme chez le voisin iranien, un gouvernement islamique chiite. Ses premiers combats furent contre l'occupation américaine de l'Irak et à l'été 2006 contre Israël. Ses effectifs sont assez conséquents : la milice est passée de 5000 hommes en 2015 à un peu plus de 10 000 en 2017 ! Selon Phillip Smyth, chercheur à l'Université du Maryland, cette milice a les liens les plus forts avec l'Iran.
- *Harakat al Nujaba* : le nom de cette milice signifie le Mouvement des Nobles mais son nom original est Résistance islamique Hezbullah. De toutes les milices irakiennes, elle est celle qui dépend à la fois du Guide suprême iranien, Ali Khamenei, et du CGRI. Ces unités sont envoyées combattre en Irak et en Syrie, plus particulièrement à Alep et Damas. Elles fonctionnent avec des structures militaires traditionnelles : infanterie, unités blindées, et artillerie. Ce qui est remarquable

---

5   *The U.S. Army in the Iraq War -Volume 2: Surge and Withdrawal*, 2007-2011, US Army War College Publications, 2019, page 474

pour une milice. Cette puissante milice dispose dans son arsenal militaire de missiles iraniens de type *Fateh* ou *Fajr* ainsi que des drones. Bien que cette milice soit financée par l'Iran et que la chair à canon est constituée par des chiites irakiens. Il y a également des chiites saoudiens, koweïtiens ou encore égyptiens.

- ***Kataeb Hezbollah*** (Le parti de Dieu) : cette milice est surnommée le *Hezbollah* irakien en référence à son homologue libanais. Elle est créée en 2003 et lutte à ses débuts contre l'occupation américaine de l'Irak. Elle reçoit un soutien actif de la part de l'Iran via le CGRI et la force *Al-Qods*. Ses combattants, estimés entre 3000 et 30 000 hommes, font directement allégeance au Guide suprême iranien, Ali Khamenei et espèrent l'instauration d'une République islamique en Irak, sur le modèle iranien. Il y aurait environ 2500 combattants actifs en Syrie. Ils furent engagés sur ce théâtre dès 2015 concomitamment à l'intervention russe. Ils participent aux batailles d'Alep et de Deir ez-Zor.
- ***Liwa 'zul-Fiqar*** : milice créée en 2013 comptant 1000 combattants. Elle est née suite à des combats opposant des milices syriennes et irakiennes. Sa zone d'opération se situe aux abords de l'aéroport international de Damas.
- ***Liwa 'Ammar Ben Yasser*** : Ammar Ben Yasser est un proche d'Ali Ben Ali Taleb, compagnon du Prophète. Cette milice fut déployée dans le nord de la Syrie, à proximité d'Alep. Elle est proche du *Hezbollah* libanais.
- ***Liwa 'Abu el-Fadl el-Abbas*** : Abu el-Fadl el-Abbas est le fils de l'Imam Ali Ben Abi Taleb. Elle compte environ 10 000 combattants dont 7000 sont irakiens.

Elle dispose d'un équipement militaire moderne ainsi que d'un niveau de formation à forte plus-value.
- ***Liwa 'Al-Imam Hussein*** : cette milice est réputée proche de l'Irakien Moqtada Sadr. Sa zone d'opération est située dans les environs proches de Damas et elle a pour mission principale la défense du sanctuaire Sayda Zaynab. La différence de cette milice irakienne avec les autres est que celle-ci dépend de la 4e division des forces armées syriennes.
- ***Liwa 'Al-Imam Hassan Al-Mujtaba*** : cette milice fut créée en 2013 avec comme mission principale la protection de l'aéroport de Damas.
- **Organisation *Badr*** : il s'agit sans doute de la milice chiite irakienne la plus connue. Elle fut formée par les Iraniens durant la guerre contre l'Irak entre 1980 et 1988. Elle a été réactivée ensuite lors de l'invasion américaine de l'Irak en 2003 puis lors des différentes guerres civiles irakiennes. Elle compte un peu plus de 1500 soldats. Elle a été formée pour pouvoir mener des opérations dignes de forces spéciales d'armées conventionnelles comme des assassinats ciblés, des enlèvements et elle excelle dans les combats asymétriques. Elle est présente dans la capitale syrienne et sa proche banlieue.
- ***Saraya al-Khorasani*** (les Compagnies du Khorasan) : cette milice fut créée en 2013 et est l'émanation militaire du parti politique irakien *Hezb Taleea al-Islamiya*. Il convient de remarquer que le logo de cette milice ressemble grandement à celui des CGRI. Cette milice est équipée, formée et financée directement par l'Iran mais bénéficie de soutiens de la part du gouvernement

irakien. Elle dispose, au maximum, d'environ 3000 hommes. Elle fut envoyée dès 2013 en Syrie, à proximité de Damas et pour la protection du mausolée de Zaynab. Entre 2014 et 2015, elle doit être redéployée en Irak pour affronter l'État islamique avant de revenir combattre en Syrie en 2015 lors de la bataille d'Alep.

Toutes ces milices irakiennes se sont réunies dans une unique formation militaire en 2014 : les *Hachd al-Chaabi* ou Unités de mobilisation populaire (UMP)[6]. D'autres milices irakiennes composent également les UMP mais se sont concentrées uniquement sur le théâtre irakien et n'ont pas participé aux opérations en Syrie.

Les milices syriennes : le modèle de milicialisation de l'Irak en ligne de mire

L'Iran a organisé et contrôle diverses milices de nationalité syrienne dès le début des hostilités en 2012. Parmi ces dernières, il existe :
- ***Les Forces de Défense Nationale (FDN)*** : Dès 2012, l'Iran forma et conseilla dans la ville de Homs les FDN. Cette force comprenait des membres de toutes

---

6 L'ensemble de ces milices a été intégré dans les forces de sécurité irakiennes en 2016 et est sous tutelle de l'Iran. Elles causent des problèmes de souveraineté pour l'armée irakienne. Certaines refusaient d'obéir aux ordres d'officiers irakiens. Cela a conduit le Premier ministre irakien, Moustapha al-Kazimi, à instaurer un service militaire obligatoire. Pour plus d'informations à ce sujet : BUZAT Antoine, *La politique de défense de l'Irak : entre volonté de réaffirmation de la puissance d'antan et réalités opérationnelles*, sur Centre français de recherche sur l'Irak [En ligne], publié le 10 août 2022.

les confessions présentes en Syrie et disposait d'un siège dans chaque province. Il s'agissait de la plus grande milice pro-régime en Syrie et aurait compris un peu plus de 40 000 combattants. Sur le modèle irakien, l'Iran a fait pression sur Damas pour que les FDN intègrent les forces armées de la République arabe de Syrie. Cependant, Damas démantela cette milice en 2016. L'Iran abandonna alors tout soutien à celle-ci et se concentra sur les Forces de défense locale.

- **Les Forces de Défense Locale (FDL)** : les FDL appartiennent à l'armée arabe syrienne. Elles disposent d'une force d'environ 50 000 hommes et sont divisées en diverses formations militaires. Il existe ainsi les brigades *Nayrab* pour les opérations spéciales, le corps *al-Sefira*, la brigade *al-Baqir*, les brigades *Nubul* et *Zahra* et les forces *Qatraji*.

L'Iran recruta également parmi la minorité chiite en Syrie notamment dans le nord du pays près d'Alep, d'Homs ou encore de Raqqa. Ces différentes milices chiites syriennes, regroupées sous la bannière iranienne, forment entre 5000 et 8000 hommes. Les milices les plus importantes sont : la branche d'Alep de l'imam al-Hajjah, les soldats du Mahdi et l'armée du Mahdi à Nubul et Zahra, la brigade *Rukia* (Damas), le corps d'*al-Waed al-Sadiq* (Idleb), les forces de l'Imam Reza (Homs), la Brigade Zin El Abidin, la Brigade 313 Busra al-Sham (Deraa) et la Brigade *al-Mukhtar Al-Thaqafi* (Lattakia et Hama).

Les milices pakistanaise et yéménite : des supplétifs supplémentaires

Le Pakistan est un État frontalier de l'Iran et est à majorité sunnite. Cependant, il dispose d'une minorité chiite qui représente environ 15 % de la population pakistanaise. Sur le modèle de la division afghane des Fatimides, l'Iran recrute également des miliciens pakistanais chiites. Ils forment alors la brigade *Liwa Zainebiyoun*, signifiant la brigade du peuple de Zaynab. Cette brigade fut créée en 2014 et compte entre 5000 et 7000 combattants. Elle participa également à la bataille d'Alep qui prit fin en 2016. La différence entre les milices afghane et pakistanaise est que la dernière perçoit une solde de la part de Téhéran qui équivaut à 1065 € par mois[7]. Ce qui motive ces hommes à rejoindre cette brigade, ce sont les massacres de populations chiites par les terroristes de *Daesh* et la protection des lieux saints chiites en Syrie. Ses éléments sont recrutés à l'université internationale al-Mustafa, de Qom en Iran. Il s'agit de l'un des centres de recrutement les plus importants où de nombreux étudiants pakistanais rejoignent les rangs de cette brigade. La phase militaire du conflit touchant à sa fin, les divers membres de cette milice furent démobilisés de Syrie et commencèrent à rentrer au Pakistan, ce qui inquiéta considérablement Islamabad. En 2021, une délégation des puissants services secrets pakistanais, l'ISI[8], a été envoyée à Téhéran pour trouver une solution à cette problématique. La crainte du Pakistan était qu'ils puissent exacerber les tensions interreligieuses dans le

---

7 JACQUES Nériah, Les légions étrangères iraniennes en syrie, sur *Centre Français du Renseignement* [En ligne], publié en juillet 2017.
8 ISI signifiant *Inter-service Intelligence*.

pays à majorité sunnite. Afin de calmer les craintes de son puissant voisin, l'Iran proposa au Pakistan que la brigade *Liwa Zainebiyoun* soit envoyée combattre au Yémen. L'Iran proposa également que les éléments de la brigade rejoignent le corps des gardes-frontières ou bien celui des *bassijs*. Selon certaines sources, le nombre de combattants de cette milice tués s'élève à 70 en 2016. Ce chiffre doit certainement être plus élevé en 2022.

La Brigade yéménite *Liwa Saada*, du nom de la ville majoritaire chiite du Yémen, est déployée en Syrie sous les ordres de Téhéran avec un peu plus de 750 combattants. Ces derniers sont déployés dans la région de Damas. Il convient de rappeler que les rebelles houthis au Yémen sont formés, armés et financés par l'Iran.

Le Hezbollah libanais : une intervention contrainte en Syrie ?

Le *Hezbollah* ou Parti de Dieu en arabe a été créé en 1982[9] au Liban mais son existence ne s'est concrétisée publiquement qu'en 1985 après la publication de son manifeste. Il s'agit d'un groupe politique chiite libanais qui possède également une branche militaire très active. Le *Hezbollah* libanais s'est fait connaître sur la scène internationale lors de sa participation présumée aux attentats frappant les troupes françaises et américaines à Beyrouth en 1983 puis lors d'attentats en

....
9   La date de création du *Hezbollah* libanais diverge. En effet, pour l'iranologue Morgan Lotz, la date de 1982 est avancée uniquement dans le but de faire porter la responsabilité de ces attentats au *Hezbollah* libanais. Pour plus d'informations :
LORTZ Morgan, *Comprendre les Gardiens de la Révolution islamique*, Paris, Editions L'Harmattan, 2022, 274 pages.

région parisienne pendant les années 1985-1986 suite au choix français de soutenir l'Irak contre l'Iran[10].

Il est également tristement célèbre pour ses prises d'otages de ressortissants étrangers au Liban. Son idéologie est simple : calquer le modèle de la Révolution puis de la République islamique d'Iran. Le *Hezbollah* est également un acteur puissant dans l'histoire politique du Liban en prenant parti dans les différentes phases de la guerre civile libanaise depuis sa création. Il conviendra de montrer par quels arguments le *Hezbollah* s'est décidé à intervenir puis il sera question de l'influence de l'Iran sur son intervention en Syrie. En ce qui concerne l'intervention du *Hezbollah* en Syrie, aux côtés des forces du régime, elle fut au début très discrète. En effet, le 11 octobre 2012, son *leader*, Hassan Nasrallah, déclarait que le régime ne lui avait pas encore demandé d'intervenir. Il faut attendre le 30 avril 2013 pour qu'il reconnaisse enfin que ses troupes combattent aux côtés de l'armée syrienne contre les rebelles. Celles-ci sont alors présentes dans l'Ouest syrien et plus particulièrement dans la périphérie de Damas. L'argument avancé pour justifier cette présence est la protection des frontières du Liban et plus particulièrement de la ville syrienne frontalière d'El Qoussai où vit une importante communauté libanaise. À ce titre, Hassan Nasrallah déclarait le 15 novembre 2013 que la présence du *Hezbollah* « *en Syrie vise à défendre le Liban, la Palestine et la Syrie qui est la colonne*

....
10   Pour plus de précisions sur la participation de la France à cette guerre entre 1980 et 1988 et les conséquences à différents niveaux pour la France, voir mon précédent ouvrage :
BUZAT Antoine, *Les implications de la France pendant la guerre Iran-Irak*, préface de Laurent REVERSO, postface de Jean-Louis BERNARD, Paris, Editions L'Harmattan, 2021, 244 pages.

vertébrale de la Résistance. Tant que les raisons de notre présence en Syrie existeront, nous y resterons ». Il ajoute le mois suivant que « *si nous abandonnons nos responsabilités en Syrie, les frontières libano-syriennes seraient envahies* ».

Un deuxième argument intervint. Si le *Hezbollah* intervient en Syrie, c'est dans le but de protéger l'axe de la Résistance. En ce sens, Hassan Nasrallah déclarait le 18 juillet 2012 : « *La vraie Syrie est celle de Bachar al-Assad. La Syrie ne représente pas uniquement le lien entre l'Iran et le Hezbollah, mais elle est le principal soutien militaire et logistique de la Résistance* ». Ce discours changea au fur et à mesure des évolutions dans la guerre civile syrienne et surtout après l'émergence du groupe Etat islamique. Le 14 août 2014, il ajouta que « *sans le combat mené par le Hezbollah, l'État islamique serait arrivé à Beyrouth* ». Dès 2015, Hassan Nasrallah déclarait que ses forces combattaient sur l'ensemble du territoire syrien.

Les forces syriennes ont bénéficié de formations militaires dispensées par des cadres du *Hezbollah*. Sur le théâtre syrien, ces combattants se méfient des officiers syriens. Ils ont la triste réputation d'être corrompus en vendant des informations aux rebelles et sont vus comme des incompétents. Les cadres du *Hezbollah* estiment en effet que leurs pertes seraient dues à ces officiers syriens. La Syrie, autrefois marraine du *Hezbollah*, s'est retrouvée dans la position inverse : le *Hezbollah* n'est plus une marionnette de Damas, mais au mieux un allié au pire un obligé. La stratégie du *Hezbollah* en Syrie est similaire à celle qu'il applique au Liban : mettre en œuvre une présence durable conduisant à une légitimité politique sur la scène intérieure de la Syrie. La présence du *Hezbollah* est indispensable étant donné que ce sont ses forces qui formaient les différentes milices présentes en Syrie. Au total, le *Hezbollah* libanais mobilisa entre 5000 et 8000 soldats, dont 3000 soldats d'élite. Ces soldats ont été placés sous le commandement du général iranien Hossein Hamedani et organisés en 42 groupes militaires et 138 brigades. En 2017, l'OSDH estimait les pertes du Hezbollah à environ 1550 soldats tués.

Les combattants du *Hezbollah* ont prêté allégeance au Guide suprême iranien, Ali Khamenei. Le rôle de l'Iran dans le soutien au *Hezbollah* en Syrie a consisté en un financement et une aide matérielle à ce groupe. Ce n'est un secret pour personne et le secrétaire général du *Hezbollah* l'a déclaré lui-même en 2016 sur la chaîne de télévision libanaise *Al-Manar* : « *sachez que le budget du Hezbollah, les salaires de ses employés, ses armes, ses aides proviennent tous de la République Islamique d'Iran* ». Mais la question de savoir si le *Hezbollah* est intervenu en Syrie de sa propre initiative ou à la demande de l'Iran se pose. L'Iran et le *Hezbollah* sont très proches à différents niveaux mais ont une relation hiérarchique entre eux. Hassan Nasrallah porte le titre de sayyid par exemple qui est plus bas dans la hiérarchie chiite que le titre d'ayatollah conféré au Guide suprême iranien Ali Khamenei. La question précédemment posée se solde par une réponse négative du chercheur Didier Leroy. En effet, selon ce dernier, l'Iran n'a aucunement obligé le *Hezbollah* libanais à intervenir militairement en Syrie. Il explique ce positionnement par le fait que le degré d'autorité de l'Iran sur le *Hezbollah* est inconnu d'une part et que d'autre part, cela a été mentionné plus haut, la milice libanaise a mis un certain temps avant d'officialiser sa présence dans la Syrie voisine. Le chercheur poursuit en indiquant que si Téhéran avait émis des ordres à la milice libanaise, il aurait alors exigé un plus grand effort de sa part en matant et étouffant dès le début la contestation populaire en Syrie. Du côté du régime syrien, il voit dans le soutien du *Hezbollah* à son pouvoir des objectifs qui sont similaires à ceux poursuivis par l'Iran. La différence qui réside entre l'Iran et le *Hezbollah* est le fait que le premier est membre du groupe international de soutien à la Syrie et représente le second aux réunions diplomatiques concernant la Syrie. L'Iran a vu son influence discutée après l'intervention militaire russe en Syrie, en 2015. En effet, le *Hezbollah* tentera d'opérer des rapprochements avec la Russie de Vladimir Poutine. Ce dernier utilisera les forces terrestres du ténébreux parti politique libanais pour mener à bien sa politique « syrienne ». Du côté de Téhéran, on espère fortement que les futures négociations sur l'avenir de la Syrie n'entravent pas l'influence du *Hezbollah* au Liban.

Si le *Hezbollah* intervient massivement pour soutenir Bachar al-Assad, c'est avant tout parce qu'il fait partie des acteurs géopolitiques de la région les plus importants. Intervenir dans le sud de la Syrie, à proximité du plateau du Golan contesté par la Syrie et Israël, a pour conséquence d'étendre sa capacité de nuisance sur son ennemi juré : l'État hébreu.

Les milices chiites en Syrie : la Légion étrangère de l'Iran

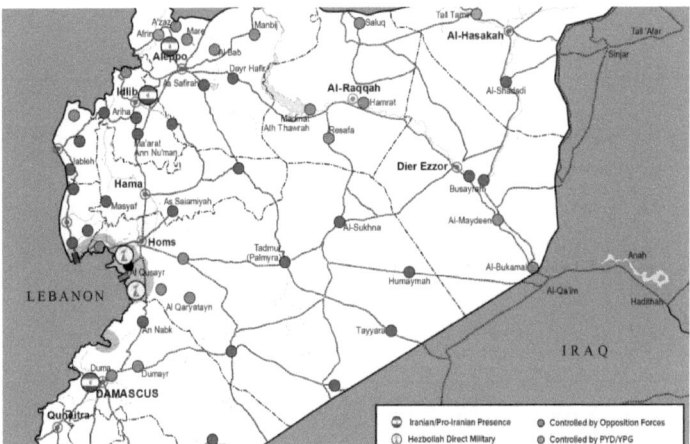

Influence militaire indirecte de l'Iran grâce au Hezbollah en 2013.
© *Atlantic Council*

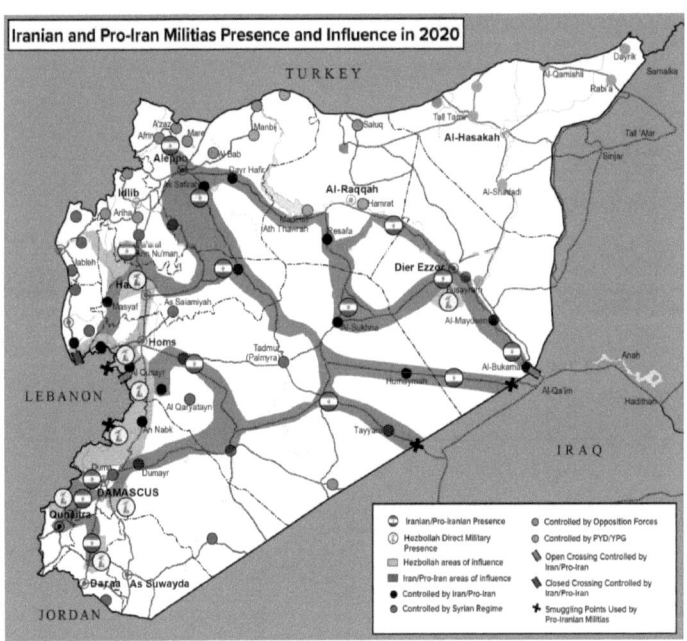

Évolution des influences conjuguées du Hezbollah et de l'Iran en Syrie, en 2020. © Atlantic Council

EN BREF

Ainsi, les différentes forces nombreuses constituant la Légion étrangère iranienne en Syrie ont permis à la fois au régime de Damas et à Téhéran d'économiser leurs propres forces sur le terrain. Elles ont constitué une chair à canon efficace contre les rebelles de l'ASL et les terroristes de *Daesh*. Les forces syriennes, par exemple, menaient des frappes à l'artillerie lourde et avec de l'aviation pendant que ces différentes milices combattaient au sol. Selon l'OSDH, au 14 mars 2021, 1705 hommes du *Hezbollah* libanais et 8564 miliciens chiites de diverses nationalités ont été tués en Syrie[1]

---

1 « Syrian Revolution 120 months on : 594,000 persons killed and millions of Syrians displaced and injured », sur *Observatoire syrien des droits de l'Homm*e [En ligne], publié le 14 mars 2021.

CHAPITRE 6

La Syrie : vecteur d'une ambition iranienne en mer Méditerranée ?

> *« La profondeur stratégique de l'Iran s'étend du golfe Persique à la mer Méditerranée »*.
> Général de division Yahya Rahim Safavi, ancien commandant du Corps des gardiens de la Révolution islamique.

Le nom de mer Méditerranée provient du latin *Mediterraneus* signifiant l'endroit central de la Terre. Généralement, la mer Méditerranée est coupée en deux zones par les praticiens de la géographie politique. Au niveau de la Tunisie et de Malte, une ligne de séparation fictive prend place. À gauche de celle-ci, on parle de Méditerranée occidentale (MEDOC) tandis qu'à sa droite, le terme de Méditerranée orientale (MEDOR) est adopté.

La Méditerranée orientale est certainement l'une des mers les plus militarisées du monde. Elle revêt une importance géopolitique majeure étant donné les navires commerciaux y transitant et avec les ressources qu'elle abrite. De nombreux peuples ou États ont cherché à se l'approprier sans jamais y parvenir ou s'y maintenir durablement. Les Romains, les Grecs, les Ottomans, les Italiens ont ainsi tenté de faire de la Méditerranée un lac où ils y exerceraient une souveraineté totale et exclusive. La MEDOR est considérée comme l'un des points stratégiques du Moyen-Orient, qui attire depuis des années l'attention des puissances régionales et mondiales. Cette zone est un pont entre l'Asie, l'Afrique et l'Europe. Cependant, il est souvent entendu que l'Iran n'est pas un pays à vocation ou ambition maritime et qu'il n'a jamais cherché à prendre position en Méditerranée. Il s'avère que cet état des lieux est faux. Historiquement, l'Iran et ses ancêtres perses occupèrent les actuelles rives turques, syriennes, libanaises et israéliennes.

Afin de déterminer si la Syrie est un vecteur de nouvelles ambitions maritimes iraniennes, il conviendra auparavant de rappeler que l'Iran a eu une histoire méditerranéenne. Il conviendra également de déterminer si la mer Méditerranée revêt un enjeu géopolitique majeur pour Téhéran avant d'étudier la réelle stratégie méditerranéenne actuelle de l'Iran dont la Syrie est un maillon essentiel.

L'Histoire méditerranéenne et navale de l'Iran

Le fait que l'Iran se dote d'une stratégie méditerranéenne dont la Syrie est le pivot n'est pas inédit. En effet, si l'on remonte la longue histoire de l'Iran et de la Perse, les ancêtres de ces peuples conquirent et arrivèrent sur les rivages de la Méditerranée lors de la conquête de la Babylonie et de l'Asie Mineure par le fondateur de la dynastie achéménide, Cyrus dit le Grand (600-530 av. J.-C.). Hérodote fait de son successeur, Cambyse II (mort en 522 av. J.-C.), le « conquérant de la mer», en lui attribuant une large partie des possessions perses bordant la Méditerranée[1]. Le but de ces conquêtes fut de garder le contrôle perse sur les rives du Proche-Orient. Pour défaire sa rivale puissante qu'était l'Égypte, la Perse devint une puissance militaire navale majeure en MEDOR au cinquième siècle avant notre ère.

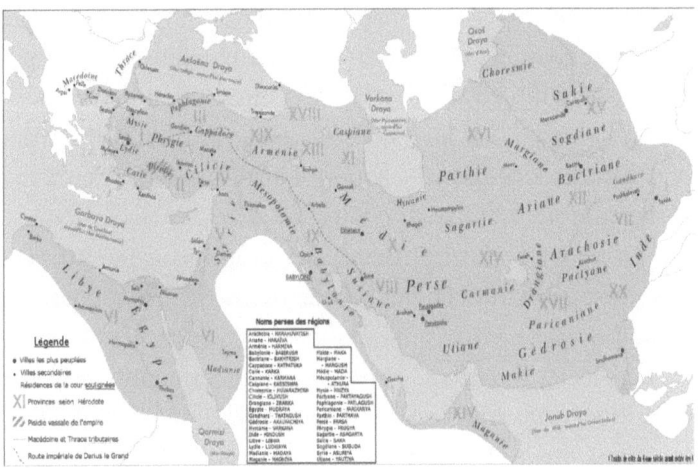

Empire Achéménide (-550 à -330) © Wikipedia

Cette puissance de la flotte perse est incontestée jusqu'alors mais fut éphémère étant donné qu'elle fut défaite assez sévèrement par la flotte athénienne lors de la bataille de Salamine en -480. Pour retrouver une ambition navale de l'actuel Iran, il faut attendre les Parthes (-247 ; 224). Ces derniers tentèrent vainement de retrouver leur puissance d'antan mais les accrochages puis les conflits contre les Romains et les Macédoniens eurent raison de cette ambition. De nouveau, en 620, à la fin

---
1   JEANDET Thibault, Le retour de l'Iran en Méditerranée, sur *OrientXXI* [En ligne], publié le 29 novembre 2018.

de la dynastie des Sassanides, la Perse put récupérer une partie de ses possessions méditerranéennes. En effet, les armées de Sassanid Shah Hüsrev II ont occupé les terres de Syrie, d'Égypte, de Palestine et de Byzance durant cette période et ont également encerclé la ville de Constantinople.

Les différentes conquêtes méditerranéennes au travers de siècles et des dynasties impériales affaiblirent la Perse. Cet affaiblissement profita aux Arabes et aux tribus dirigées par ces derniers qui envahirent les territoires méditerranéens de la Perse en 637. Dès lors, la Perse et aujourd'hui l'Iran n'ont plus d'accès à cette mer chaude. Les divers successeurs des Sassanides ne firent pas de la reconquête des rives méditerranéennes un objectif primordial et l'Empire se recentra dès lors sur son environnement proche (Arménie, Mésopotamie, golfe Persique).

Les siècles passèrent. La force navale iranienne moderne naquit en 1932. Après 1945, pour contrebalancer l'influence soviétique dans la région, les États-Unis octroyèrent à l'Iran le statut de gendarme régional et l'équipèrent militairement en conséquence. Or, le théâtre de la MEDOR n'intéressa pas le Chah et elle fut ainsi délaissée bien que la marine impériale iranienne ait participé à la prise des îles émiraties en 1971 et à la guerre d'Oman entre 1964 et 1976. Avec la Révolution islamique de 1979, les programmes dédiés au développement de la marine iranienne furent stoppés, les principaux dirigeants et officiers furent mutés, mis à la retraite ou exécutés pour faire place à la Marine de la République islamique d'Iran (IRIN). De ces changements matériels naquit la doctrine navale iranienne suivant la logique des autres armes appartenant à l'armée de la République islamique : la lutte asymétrique.

Aujourd'hui, il peut être vu une certaine nostalgie de cette puissance maritime d'antan. La Syrie et les divers points d'appui méditerranéens de l'Iran (Hamas, *Hezbollah*) seraient un bon moyen d'y parvenir. Or, le fait que l'Iran épaule massivement son allié syrien durant cette guerre civile ne témoigne pas d'un souhait de revenir coloniser les rives méditerranéennes. Cette vision méditerranéenne de l'Iran s'explique davantage par les intérêts géostratégiques voire nationalistes propres à l'Iran. C'est-à-dire la défense de ses intérêts régionaux. Il ne s'agit pas d'une question irrédentiste comme le furent à certains moments de l'Histoire des interventions militaires (comme l'Italie durant la Première Guerre mondiale).

La mer Méditerranée : un enjeu géopolitique majeur pour l'Iran ?

L'Iran a donc une solide histoire méditerranéenne. L'actuel conflit syrien laisserait sous-entendre que le pays des ayatollahs voudrait renouer avec elle. La réponse à la question posée dans le titre est rapide. La mer Méditerranée n'est pas totalement un enjeu géopolitique majeur pour l'Iran.

Historiquement, les rivages de la mer Méditerranée ne firent pas partie de la sphère d'influence de l'Iran. Cependant, la mer Méditerranée contribue certes à sa géopolitique régionale en épaulant des régimes alliés comme la Syrie ou en soutenant coûte que coûte des partis et groupes comme le *Hezbollah* libanais ou le *Hamas*. Cela peut inquiéter les Occidentaux et notamment les Américains. Ces derniers ont la peur de voir se reformer l'Empire perse, ce qui témoigne d'une méconnaissance totale de l'Histoire de la Perse puis de l'Iran.

Cet espace maritime est également utilisé par la marine iranienne pour affirmer sa puissance et sa présence. Ainsi, en 2011 et 2012, une poignée de navires militaires iraniens franchirent le canal de Suez et firent escale dans le port syrien de Lattaquié. Il s'agissait d'une première depuis 1979 et la Révolution islamique. Ce jeu naval iranien déclencha la colère des autorités américaines et israéliennes. Ces dernières mirent en état d'alerte leur flotte de guerre à l'approche des navires iraniens. L'enjeu géopolitique majeur pour l'Iran est d'assurer sa sécurité maritime dans le golfe Persique en opposition, en préparation d'une confrontation avec les marines occidentales ou israélienne. Bien que n'étant pas un enjeu géopolitique majeur pour l'Iran, il existe néanmoins une stratégie méditerranéenne de l'Iran dont la Syrie est un maillon essentiel.

La véritable stratégie de l'Iran en mer Méditerranée : une logique de sanctuarisation via le pivot syrien

Il ne fait désormais aucun doute que le régime iranien a des intérêts à long terme en Méditerranée. Les derniers déploiements de flottilles iraniennes en Méditerranée montrent que le régime iranien a la capacité et l'ambition stratégique de déployer des navires en Méditerranée et d'utiliser ces navires pour transporter des fournitures aux alliés, ou charger des fournitures pour les transférer en Iran. De plus, en septembre 2012, avec des pavillons de complaisance, il s'avère que des navires iraniens chargèrent des armes libyennes en totale violation de l'embargo onusien sur les armes à destination de la Syrie ou des alliés régionaux de l'Iran comme le *Hezbollah* libanais.

L'Iran espère compter sur l'affaiblissement depuis quelques années des Américains au Moyen-Orient et ainsi copier la stratégie maritime russe en MEDOR en opérant un déni d'accès permanent à certaines zones au large de la Syrie, empêchant *de facto* la navigation de navires occidentaux. Cependant, cette nouvelle stratégie méditerranéenne de l'Iran doit faire face à de nouvelles problématiques.

D'une part, la marine iranienne n'est pas conçue ni même pensée pour assurer une permanence en haute mer mais davantage pour faire de la guérilla maritime dans le golfe Persique contre les marines occidentales et israélienne. D'autre part, l'Iran se heurte au blocage du canal de Suez de la part de l'Égypte concernant les navires militaires iraniens[2], ce qui entrave fortement toute stratégie navale méditerranéenne de l'Iran. L'Iran souhaiterait également se doter d'une autoroute terrestre et d'une ligne ferroviaire, d'un corridor, reliant le pays en passant par l'Irak jusqu'à la mer Méditerranée, à Tartous, en Syrie. Selon Yadullah Javani, l'un des commandants du Corps des gardiens de la révolution islamique et conseiller principal du représentant de la République islamique d'Iran au sein du CGRI, *« les frontières de sécurité de l'Iran s'étendent aujourd'hui de l'ouest à l'est de la Méditerranée »*[3]. Cependant, il ne s'agit là que d'une utopie occidentale et plus particulièrement américaine que de dire que l'autoroute est terminée. Rien n'indique qu'un tel projet soit concrétisé par Téhéran

....

2 RUBIN Mickael, The Eastern Mediterranean Is Getting More Dangerous, and It's Not Because of Russia, Syria, or Iran, sur AEI [En ligne], publié le 18 septembre 2018.
3 BEHROSH Meysham,
مسیر تهران-طرطوس و ناخرسندی‌های عمق استراتژیک جمهوری اسلامی,
sur *BBC* [En ligne], publié le 1ᵉʳ janvier 2018.

à ce stade. En effet, divers médias iraniens ont annoncé que le pays souhaitait se procurer une telle infrastructure avec le nom d'« autoroute de la Résistance ». De plus, ce projet de relier l'Iran à la mer Méditerranée via la Syrie est un projet ancien dont les relations avec l'Irak furent tributaires. Pendant une vingtaine d'années, le projet n'a pas avancé. En effet, il fallut attendre que le ministre iranien des Routes et de la Reconstruction urbaine, Rostam Qassemi, ait signé, lors de sa visite en Irak, un accord avec les autorités irakiennes pour démarrer les travaux de ce projet de connexion ferroviaire entre Shalamcheh en Iran et Bassorah en Irak.

Ce futur corridor routier et ferroviaire présente de nombreux avantages pour la stratégie iranienne dans la région. En effet, un tel corridor offrirait aux *proxies*[4] iraniens de la région une voie de transport bon marché, assez sûre, pour l'expédition d'armes vers la Méditerranée. Il serait, en outre, une voie alternative au pont aérien iranien effectué dans la région dans le cas où Israël bombarderait l'un des aéroports dont dépendent les Iraniens pour leur chaîne d'approvisionnement. Un autre avantage indéniable d'un tel projet pour Téhéran est d'accroître sa profondeur stratégique[5] dans la région. Enfin, comme toute puissance en devenir, cela

---

4   *Proxy* est un terme informatique. Cela est entendu comme un « *composant logiciel informatique jouant le rôle d'intermédiaire en se plaçant entre deux hôtes pour faciliter ou surveiller leurs échanges* ». Il convient ici de faire le parallèle avec l'utilisation de milices chiites dans la région au profit de l'Iran.

5   Selon l'IRSEM (Institut de recherche stratégique de l'École militaire), la profondeur stratégique se définit comme un ensemble de ressources (territoriales, matérielles et humaines) sur la base desquelles un acteur international peut s'appuyer en vue de mener à bien sa mission.

La Syrie : vecteur d'une ambition iranienne en mer Méditerranée ?

permettrait l'Iran d'user d'un *soft power* régional en réaffirmant l'identité chiite dans toute la région grâce à un canal de communication permettant d'échanger toutes sortes de produits et de les relier dans toute la région. Ce corridor serait alors divisé en deux segments. Le tracé nord traverserait le nord de l'Irak et le Kurdistan irakien jusqu'à la frontière syro-turque via l'autoroute syrienne M4 et Alep pour terminer au port de Lattaquié où soldats russes et iraniens sont présents. De là, au moyen de l'autoroute syrienne M5, le Liban peut être connecté.

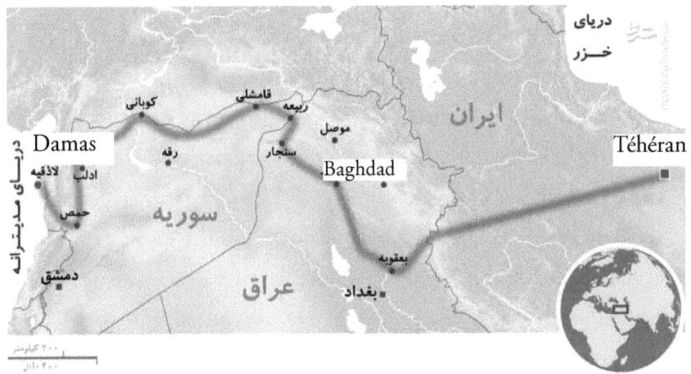

Tracé du futur corridor terrestre nord souhaité par l'Iran pour la connecter à la mer Méditerranée © Irdiplomacy

Le tracé sud traverserait le centre de l'Irak et, depuis Bagdad, emprunterait la route 1 irakienne pour atteindre la ville Al-Tanf, de l'autre côté de la frontière syrienne, d'où elle pourrait être connectée directement à Damas et à Beyrouth. Un tracé alternatif serait également étudié et passerait plus au sud de ce tracé. Il suivrait le fleuve Euphrate jusqu'à la frontière irakienne à Al-Qaim et entrant en Syrie depuis Abou Kamal, pouvant aller jusqu'à Deir ez-Zor et le centre de communication de Homs. D'ici, la ville portuaire de

Tartous peut être rejointe, où la Russie maintient sa principale présence navale en Méditerranée.

Cependant, pour l'heure, l'Iran n'a pas les capacités humaines, financières et logistiques pour assurer la sécurité d'un tel tracé. Il s'agit ici d'un moyen supplémentaire à la disposition des Occidentaux et particulièrement des Américains pour faire agiter les peurs d'une hégémonie totale de l'Iran dans la région.

EN BREF

Ainsi, le conflit syrien permet à l'Iran d'avoir une ambition plus méditerranéenne pour asseoir sa suprématie dans la région. Cela accentue sa profondeur stratégique dans un contexte de tensions très fortes avec Israël et les États-Unis. Cependant, l'Iran attache une importance plus élevée au contrôle et à la sécurité du golfe Persique étant donné la taille de sa marine et la proximité de son territoire. Mais le fait d'avoir une nouvelle ambition maritime en mer Méditerranée contribue à diversifier ses moyens d'approvisionnements logistiques aux groupes et pays alliés de l'Iran dans la région, au grand dam d'Israël et des États-Unis. L'Iran peut également montrer sa capacité de nuisance dans cette nouvelle zone, épaulée par moments par la marine de guerre russe.

CHAPITRE 7

L'Iran : partenaire régional de Moscou dans le dossier syrien ?

> *« Moscou et Téhéran sont plus des partenaires tactiques que des alliés stratégiques. La Russie ne semble pas partager les principales priorités de l'Iran en Syrie ».*
> Ali Vaez, observateur au groupe International Crisis Group-RCG

L'Iran est devenu pour Moscou un partenaire incontournable pour soutenir Bachar al-Assad contre les rebelles de différentes factions et pour résoudre la crise syrienne. L'Iran a influencé la Russie pour que celle-ci intervienne et appuie ses forces au sol. Russie et Iran ont des ennemis communs : les rebelles soutenus par l'Occident et les djihadistes de l'État islamique. Cependant, les deux puissances régionales n'ont pas les mêmes objectifs stratégiques en Syrie et cela peut créer des frictions voire des tensions entre ces deux États présentés dans la presse occidentale comme partenaires.

L'Iran : l'intermédiaire facilitant l'intervention russe en Syrie ?

L'Iran a joué un rôle de premier plan pour faire infléchir Moscou et le pousser à intervenir massivement et puissamment en Syrie pour soutenir Bachar al-Assad. En effet, des réunions de haut niveau politique se sont tenues dans les mois précédant l'intervention russe en Syrie. Par exemple, le ministre russe de la Défense Sergueï Choïgou s'est rendu en Iran afin de signer un accord bilatéral sur la coopération militaro-technique entre les deux États. Dès le mois de janvier 2015, le ministre iranien des Affaires étrangères Ali Akbar Velayati a rencontré le maître de Moscou et son ministre de la Défense Sergueï Choïgou. Ces visites bilatérales ont perduré et au mois de mars de cette même année, le ministre des Affaires étrangères russe a rencontré le défunt général Soleimani. Ce dernier lui a alors exposé la gravité de la situation en Syrie et la menace que faisaient peser sur Damas les groupes djihadistes ainsi que les différents groupes rebelles sur le pouvoir syrien. Ce dernier n'allait pas pouvoir tenir longtemps si Moscou n'intervenait pas rapidement. Pendant ce temps, les diverses oppositions laïques se sont organisées et menaient de sévères contre-offensives dans le nord-ouest et le sud de la Syrie pendant que les troupes de *Daesh* faisaient de même dans le nord-est. Au mois de mai 2015, ces derniers capturèrent la ville de Palmyre.

En coulisses, l'intervention russe se prépare et se dessine. En juillet 2015, le bras armé de l'influence iranienne en Syrie, le général Soleimani se rend une nouvelle fois en Russie afin de se coordonner au moment du déclenchement de l'intervention russe en Syrie prévue pour les mois suivants. Les observateurs internationaux et les journalistes se sont alors rendu compte d'un accroissement de matériel militaire russe dans le centre de la Syrie. La Russie indiqua simplement fournir du matériel militaire aux autorités syriennes pour lutter contre les terroristes. Cependant, Mohammad Javad Zarif, le ministre des Affaires étrangères de l'Iran, est venu clarifier récemment ce qui pourrait être qualifié de mythe. Non, l'Iran n'est pas l'entremetteur de l'intervention russe selon lui. La Russie aurait même forcé la main à l'Iran pour qu'il intervienne plus massivement au sol. Il déclarait ainsi « *le voyage de Soleimani en Russie en 2015 était basé sur la volonté de Moscou, pas sur la nôtre. La volonté de la Russie visait à détruire la réalisation du ministère des Affaires étrangères. C'est pourquoi ils ont invité Soleimani. Poutine est entré dans la guerre par la force aérienne, mais a également entraîné la force terrestre iranienne dans la guerre. Nous n'avions pas de forces terrestres en Syrie à ce moment-là* »[1].

En effet, fin septembre 2015, la situation se précipita. La Russie annonça la création d'un centre conjoint de partage de renseignements à Bagdad entre la Russie, l'Iran, l'Irak et la Syrie. Il a pour fonction principale de coordonner les renseignements contre *Daesh* et les opérations autour de la frontière syro-irakienne. Finalement, dans une allocution télévisée du 30 septembre 2015, le président de la Fédération de Russie, Vladimir Poutine, déclara que « *le seul moyen de lutter efficacement contre le terrorisme international – en Syrie comme sur les territoires voisins – […] est de prendre de vitesse, de combattre et de détruire les combattants et les terroristes sur les territoires*

---

1 KHALAJI Mehdi, The Zarif Tape : Revelations on Russia, the Qods Force, and Iran's Election, sur *The Washington Institute For Near East Policy* [En ligne], publié le 29 avril 2021.

qu'ils contrôlent et de ne pas attendre qu'ils arrivent chez nous»[2]. Dans la foulée, l'aviation russe bombarde des positions de *Daesh* en Syrie. Officiellement et légalement, cette intervention militaire s'est faite à la demande du gouvernement légal de Damas. En effet, selon le Kremlin « *le président syrien s'est adressé au gouvernement de notre pays pour lui demander de lui fournir une aide militaire* »[3].

Sur le terrain, les Russes et les Iraniens ont décidé très tôt de se coordonner et de se partager les secteurs d'intervention.

La population civile en Russie, comme dans tout État occidental, aurait du mal à accepter d'importantes pertes humaines sur le théâtre syrien. Pour cela, et afin d'épauler au mieux son allié syrien, la Russie intervint massivement par les airs. C'est ce qui fait sa force de frappe. Ainsi, des chasseurs de supériorité aérienne, des chasseurs-bombardiers de type Sukhoï Su-24, des avions d'attaque au sol Su-25, des bombardiers tactiques Su-34 et des bombardiers lourds de type Tupolev Tu-22, Tu-95 et Tu-160 ont été engagés dans le ciel syrien. De son côté, l'aviation est la grande faiblesse de l'Iran et le pays en est conscient. En effet, l'armée de l'air iranienne est équipée de vieux appareils américains, français et soviétiques[4]. En conséquence, comme il est nécessaire de disposer de troupes au sol pour pouvoir mener des frappes aériennes précises, l'Iran se chargea de ce rôle.

....
2 « Que visaient les premières frappes russes en Syrie ? » dans *Le Monde* [En ligne] publié le 1er octobre 2015.
3 *Ibid.*
4 L'armée de l'air de l'Iran est équipée par 170 appareils de combat en 2021 (35 Mig-29, 10 F14 Tomcat 40, F4 Phantom, 40 F5 Tigre, 20 Su-24, 10 Su-22, 10 F7, 5 Mirage F1), de 40 hélicoptères de combat de type AH-1 Cobra et de 5 appareils de ravitaillement en vol. (Source : Fondation Méditerranéenne d'Études Stratégiques).

Cependant, bien que protégeant tous deux Bachar al-Assad, la Russie et l'Iran divergent quant à la stratégie militaire à adopter en Syrie.

Les objectifs stratégiques divergents des deux pays

Si les deux États semblent être des alliés de circonstance, des alliés stratégiques qui disposent d'un même allié, il s'avère néanmoins qu'ils ne partagent pas la même vision stratégique sur la situation de la Syrie. Les deux pays restent tout de même essentiels l'un à l'autre. Les forces iraniennes engagées sont cruciales à la stratégie militaro-diplomatique de la Russie. Cependant, cette dernière se montre très méfiante vis-à-vis des milices pro-Iran engagées en Syrie quant à leur influence. La Russie s'interroge à juste titre sur cette influence une fois le conflit terminé.

La Russie a envoyé de lourds moyens militaires à la Syrie pour qu'elle puisse reformer son armée, exsangue après quatre années de guerre civile meurtrière. Ainsi, la Syrie a bénéficié de chars T-90, de véhicules blindés de type BMP ou BTR ainsi que de drones. La Russie s'est également appuyée sur la 25e division de mission spéciale[5] du général Suheil al-Hassan et le 5e corps d'assaut volontaire de Zayd Salih pour renforcer son influence en Syrie. L'Iran a vu sa capacité d'envoi de matériel lourd (blindé, transport de troupes) nettement réduite étant donné que son corridor d'approvisionnement de la Syrie était contrôlé par les terroristes de *Daesh*.

Ce qui diverge réellement dans la stratégie de ces deux pays en Syrie, ce sont les buts poursuivis. La Russie souhaite

....
5   Anciennement connue sous le nom de « Forces du tigre ».

donc reformer une armée nationale syrienne puissante pour qu'elle puisse retrouver son intégrité territoriale. L'Iran a une stratégie nettement plus fourbe. Bien que la Syrie soit son seul et unique allié de la région, l'Iran entend profiter de sa position pour asseoir son influence sur la région. Pour cela, il s'est alors concentré sur le renforcement des positions de ses milices et de son armée dans les provinces syriennes d'Alep, d'Homs ou encore à la frontière libanaise.

La divergence s'étend également au domaine diplomatique. La Russie entretient également des relations avec des ennemis de l'Iran comme par exemple avec Israël. Outre les divergences stratégiques, les deux pays sont confrontés à de nombreux défis d'ordre opérationnels.

Les défis opérationnels de la coopération russo-iranienne en Syrie

Cette coopération russo-iranienne est confrontée à des défis particuliers lors des combats en Syrie. Il est notamment reproché à la Russie son manque de soutien aérien afin de soutenir les forces iraniennes au sol. Cela témoigne donc d'une difficulté inquiétante quant à un dispositif intégré de combat russo-iranien. En outre, le siège de Khan Touman[6] par le groupe *Jaysh al-Fatah*[7] démontra les faiblesses de la coopération tactique entre la Russie et l'Iran. Les forces iraniennes et les milices qu'elles soutiennent paieront un lourd tribut dans ces affrontements. Il est relevé entre 80

....
6   Ville syrienne située au sud d'Alep.
7   Signifiant « Armée de la conquête ». Groupe islamiste sunnite sévissant dans la région d'Idleb et œuvrant pour chasser les forces loyalistes de ce secteur.

et 100 soldats du CGRI tués au combat. Des officiels de haut rang iraniens ont alors critiqué le laisser-faire de l'aviation russe. Il faut également rappeler que pendant ce siège, l'armée russe paradait dans les rues de Palmyre. À Téhéran, on estime même que « *l'intérêt de Moscou pour la Syrie a plus à voir avec la projection de son statut de grande puissance* »[8].

Cette difficulté d'intégration entre armées russe et iranienne sera mise en sommeil par un sommet tripartite en juin 2016 entre ministres des Affaires étrangères iranien, russe et syrien. La bataille d'Alep était alors au cœur des discussions de ce sommet. Il a été également question du déploiement d'avions russes à destination de la Syrie via l'ouest de l'Iran. Les forces aériennes russes composées de bombardiers lourds Tupolev Tu-22 et de bombardiers Sukhoi Su-34 ont alors pu utiliser la base aérienne iranienne de Hamadan, dès le 16 août 2016, avec pour objectif de frapper les groupes terroristes islamistes autour des villes d'Alep, Deir ez-Zor et Idleb. Cette présence russe en Iran a été mal appréciée par les religieux au pouvoir pour qui le sol iranien est sacré et inviolable puis par certains parlementaires. Ceci est d'ailleurs rappelé par la Constitution iranienne en son article 146 lequel dispose que « *l'installation de toute base militaire étrangère dans le pays, même à des fins d'utilisations pacifiques, est interdite* ». À contre-courant de cette position, le président du parlement iranien, Ali Larijani, a justifié la présence de soldats russes sur le sol sacré iranien. Pour ce dernier, ce n'était qu'un accord temporaire afin de permettre le ravitaillement d'avions russes et cela n'était donc pas en opposition

---

8 GRAJEWSKI Nicole, « The Evolution of Russian and Iranian Cooperation in Syria » sur *Center for Strategic and International Studies* (CSIS) [En ligne], publié le 17 novembre 2021.

avec la Constitution iranienne[9]. Cette utilisation très médiatique d'une base aérienne en Iran a provoqué une crise diplomatique circonstanciée entre les deux États. Le ministre iranien de la Défense Hossein Deghan a alors déclaré le 21 août 2016 que l'Iran avait accepté cette présence d'appareils russes à la demande du gouvernement syrien[10]. Cependant, le lendemain, il déclara : « *Premièrement, les Russes tiennent à montrer qu'ils sont une superpuissance et qu'ils peuvent avoir un impact considérable sur les tendances en matière de sécurité. Deuxièmement, ils souhaitent apparaître comme un moyen efficace sur le terrain des opérations en Syrie afin de pouvoir négocier avec les Américains et garantir leur propre part dans l'avenir politique de la Syrie* »[11]. Le ton est donné, Vladimir Poutine a dû apprécier ces déclarations publiques.

Enfin, l'Iran ne peut mener des opérations militaires au sol efficaces seul sans soutien aérien russe et il est important que la Russie renforce sa présence aérienne en Syrie grâce aux actions terrestres des troupes iraniennes. Le symbole de cette interconnexion stratégique entre les deux pays est la présence de militaires iraniens à des exercices militaires russes, ce qui est à souligner étant donné qu'il est très rare que l'Iran participe à de tels exercices internationaux. Enfin, cette coopération entre les deux pays doit faire face à des défis d'ordre géopolitique.

....
9   THERME Clément, *La nouvelle entente entre la Russie et l'Iran au Moyen-Orient*, dans Confluences Méditerranée, numéro 104, Printemps 2018, Editions L'Harmattan, page 80.
10 « Russia announced use of Hamedan airbase without prior notice », sur *Mehr News Agency* [En ligne], publié le 22 août 2016.
11 *Ibid.*

Les défis géopolitiques de la coopération russo-iranienne en Syrie

Au plan géopolitique, il existe également des divergences entre positions russe et iranienne. La Russie souhaite ménager le partenaire israélien dans la région qui s'inquiète fortement du renforcement des positions iraniennes à ses frontières. En ce sens, la Russie a indiqué souhaiter que les forces iraniennes et leurs alliés reculent des frontières d'Israël afin de ne pas provoquer un conflit entre eux. Cette éventualité menacerait alors grandement la Syrie de Bachar al-Assad, alliée des Russes, étant donné que si guerre il devait y avoir entre eux, elle se déroulerait très certainement sur le sol syrien.

La Russie entreprit également de saper l'influence grandissante de l'Iran en Syrie. Tout d'abord, elle favorisa le recrutement de policiers tchétchènes[12], qui sont de confession musulmane sunnite, afin de gagner la sympathie des populations locales étant à majorité sunnite et pour écarter toute prééminence d'un appareil sécuritaire syrien chiite. L'entreprise pour éloigner l'Iran de l'appareil sécuritaire syrien ne s'arrêta pas ici.

---

12 BEN ODRAN Saleh, La Russie et l'Iran placent leurs pions en Syrie, sur *Slate* [En ligne], publié le 9 mai 2019.

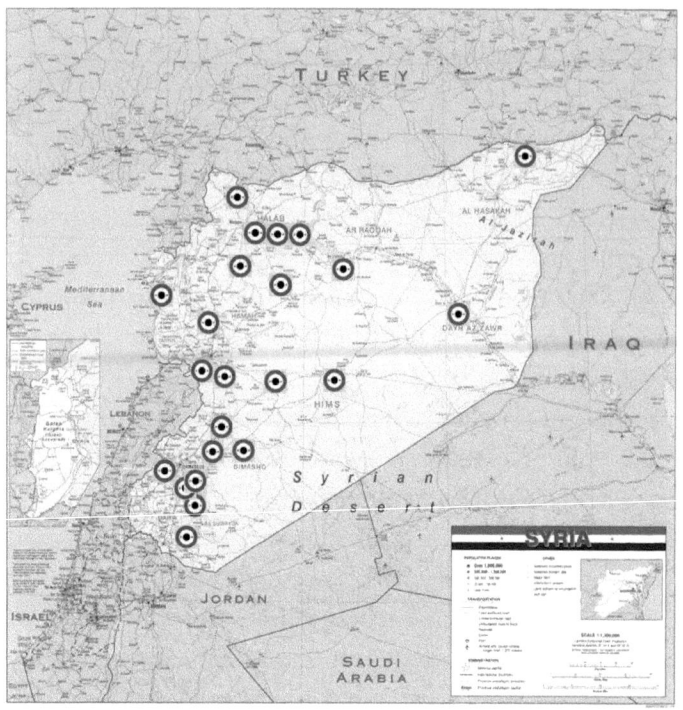

Les cocardes syriennes représentent les bases aériennes syriennes
© Global Security

Les Russes souhaitèrent en avoir le contrôle. Ils n'hésitèrent pas à envoyer dans les geôles syriennes des gradés n'approuvant pas leur manière de faire en Syrie. Ces derniers furent accusés de motifs allant de l'abus de pouvoir à la coopération avec des «groupes terroristes armés» en passant par l'espionnage[13].Ils exigèrent également la nomination de responsables acquis aux idées des Russes à des postes clés.

---
13 « Russia and Iran Divide up Syria's Security », sur *The Syrian Observer* [En ligne], publié le 8 avril 2019.

Ainsi, un général pro-russe a été nommé à l'état-major syrien. En réaction, les Iraniens ont insisté très fortement auprès de Damas pour que le général syrien Mohamed Mahala soit nommé conseiller à la sécurité auprès du Palais présidentiel. Une véritable compétition prit forme entre la Russie et l'Iran pour que leurs proches occupent des postes à haute responsabilité au sein de l'appareil sécuritaire syrien. Par exemple, le poste de chef des renseignements des forces aériennes syriennes est occupé par le général Jamil Hassan réputé proche de l'Iran et est très convoité par les Russes.

La Russie obtint également la location pour une durée indéterminée de la base aérienne syrienne de Hmeimim à proximité de Lattaquié. Elle obtint que seul le personnel russe puisse entrer dans cette base, sans contrôle des autorités syriennes.

Outre le fait que Russes et Iraniens se battirent pour accentuer leur influence au plus haut sommet de l'État, ils se battirent entre eux également aux échelons locaux de combat. Chacun soutenant une entité militaire syrienne différente. La Russie soutint la 5ᵉ division de l'armée syrienne tandis que l'Iran soutint la garde républicaine syrienne, réputée proche des CGRI. La 5ᵉ division de l'armée syrienne a été constituée et contrôlée par les Russes. Elle regroupe environ 40 000 soldats et est constituée par d'anciens appelés fuyant le service militaire, d'anciens miliciens à la solde du régime, des rebelles forcés de se rendre et enfin par des soldats russes[14].

Le véritable point de discorde entre les deux pays partenaires est la forme que le futur État syrien devra prendre. La Russie est partisane d'une Syrie fédérale, plus représentative

....
14 BEN ODRAN Saleh, La Russie et l'Iran placent leurs pions en Syrie, sur *Slate* [En ligne], publié le 9 mai 2019.

des minorités ethniques vivant sur son territoire, avec des pouvoirs très étendus dans les domaines économiques, de l'éducation, de la santé, etc., mais dont les pouvoirs régaliens seraient entre les mains de l'État central. La définition même d'un État fédéral. Moscou soutient en effet les populations kurdes dans leur but d'indépendance ou plutôt d'autonomie, qui pourrait très bien se faire au détriment des frontières actuelles de la Turquie, de la Syrie, de l'Irak et de l'Iran.

Les deux pays sont intervenus ensemble pour épauler leur allié commun Bachar al-Assad. Cependant, le changement de ton de la part de Moscou dans le dossier syrien irrita fortement Téhéran. Cette irritation de Téhéran vis-à-vis de Moscou débuta quand cette dernière demanda aux Iraniens de ne pas se positionner aux frontières israéliennes. Elle s'accentua quand le 17 mai 2018, le président de la Fédération de Russie, Vladimir Poutine, déclarait que «*suite aux récentes victoires de l'armée syrienne, les forces étrangères devaient se retirer de la Syrie*»[15]. Personne ne comprenait réellement s'il visait les troupes occidentales présentes en Syrie ou bien toutes les troupes étrangères, iraniennes comprises. Cela a amené l'émissaire spécial russe Alexandre Lavrentiev à clarifier la position de son pays le 20 mai 2018. Selon ce dernier, Vladimir Poutine visait toutes les forces étrangères! Pourtant, au Kremlin, ce n'est pas le même son de cloche. Dmitri Peskov, le porte-parole du Kremlin, déclarait que «*la remarque de Vladimir Poutine concernait les troupes étrangères qui se trouvent en Syrie de facto de manière illégitime du*

---

15 FAGHINI Rohollah, *La Russie veut que l'Iran quitte la Syrie, mais les Iraniens ne le voient pas d'un bon œil*, dans *Middle East Eye* [en ligne], publié le 31 mai 2018.

point de vue du droit international»[16]. L'Iran ne semblait pas être visé mais cela amena tout de même une réaction plutôt musclée de la part des autorités iraniennes. Le 21 mai 2018, le porte-parole du ministère iranien des Affaires étrangères déclarait que «*tant que le terrorisme existera et que le gouvernement syrien le voudra, l'Iran aura une présence [en Syrie]. Personne ne peut forcer l'Iran à faire quoi que ce soit. L'Iran est un pays indépendant et ses politiques sont déterminées par les intérêts de la République islamique dans le monde*»[17]. Les tensions entre la Russie et l'Iran dans le dossier syrien furent alors à leur paroxysme. Le camp des conservateurs iraniens fustige un tel comportement de Moscou qui, selon eux, se serait laissé influencer par les investissements économiques massifs des Saoudiens en Russie et surtout par la visite du Premier ministre israélien en Russie. Kanani Moghaddam, secrétaire du Parti vert, conservateur, déclara que «*la Russie est un partenaire stratégique de l'Iran, mais si [les Russes] sont censés se tourner vers Israël ou l'Amérique, l'Iran réétudiera ses relations avec la Russie*»[18]. Après ces déclarations de Moscou et de Téhéran, la Syrie, première concernée par l'occupation de forces étrangères sur son territoire, souhaita clarifier sa position. Fayçal Mokdad, vice-ministre syrien des Affaires étrangères, déclarait : «*un départ de l'armée iranienne de Syrie n'est pas à l'ordre du jour*». Il précisa que «*le gouvernement syrien a appelé des forces alliées et amicales pour la lutte

....
16 « Pour Damas, un retrait de l'Iran, de la Russie et du Hezbollah n'est "pas à l'ordre du jour" », dans *L'Orient – Le Jour* [En ligne], publié le 23 mai 2018.
17 FAGHINI Rohollah, *La Russie veut que l'Iran quitte la Syrie, mais les Iraniens ne le voient pas d'un bon œil*, dans *Middle East Eye* [en ligne], publié le 31 mai 2018.
18 *Ibid.*

contre le terrorisme. Parmi ces forces figurent les forces russes et iraniennes, des conseillers iraniens et nos frères du Hezbollah». Il ajouta qu'*« ils ne portent pas atteinte à la souveraineté et au territoire de la Syrie (...) [il ne pense pas] que [ses] amis russes voulaient parler des forces qui sont entrées en Syrie avec l'accord du gouvernement syrien».* La Russie a exigé le retrait des forces qui sont ici sans accord : *les États-Unis, la France, la Turquie et d'autres forces qui se trouvent ici de manière illégitime»*[19].

De plus, la permission de la Russie formulée à Israël de frapper les forces iraniennes en Syrie pose également la question de savoir si Russie et Iran sont véritablement alliés dans le dossier syrien. Tout d'abord, il convient de rappeler que dès le début de l'intervention aérienne russe en Syrie, une liaison téléphonique a été mise en place entre les autorités israéliennes et la base russe en Syrie de Hmeimim[20] dans le but d'éviter toute confrontation non désirée ou un incident aérien entre les deux pays. À ce sujet, Moshe Yaalon, ancien ministre israélien de la Défense, déclarait que *« nous pouvons faire la différence entre un Su-24 syrien et un Su-24 russe ; les Russes aussi. Ils ne se mettent pas en travers de notre chemin ; on ne se met pas en travers du leur».* Pour Maxim. À, chercheur-associé auprès du *Middle East Institute* à Washington et chercheur titulaire au *Moscow State Institute of International Relations*, interrogé par la rédaction du média *Orient XXI*, cela résume l'entente russo-israélienne dans le dossier syrien. Le fait qu'Israël bombarde librement avec l'aval de Moscou

---
19 *Ibid.*
20 PRIER Pierre et SUCHKOV Maxim.A, Syrie. Subtil jeu d'équilibre de la Russie entre Israël et l'Iran, dans *Orient XXI* [En ligne], publié le 4 juin 2018.

des positions détenues par des milices pro-Iran en Syrie irrite fortement Téhéran.

Enfin, l'Iran déplora le manque de confiance de son allié russe lorsque celui-ci prit la décision de quitter le théâtre syrien quelques mois après son intervention. L'Iran fut pris de court et reprocha à la Russie de ne pas l'avoir tenu au courant de cette intention.

La guerre en Ukraine redistribue-t-elle les cartes entre la Russie et l'Iran en Syrie ?

Le 24 février 2022, la Russe attaquait sans déclaration de guerre son voisin ukrainien après des années de tensions au sujet des minorités russophones de certaines régions ukrainiennes et du souhait affiché par Kyiv de devenir membre de l'OTAN.

La guerre en Ukraine et l'échec de la Russie de parvenir à contrôler les zones qu'elle détient met en exergue le nouveau rôle que l'Iran peut jouer auprès de Moscou. La Russie a beaucoup à apprendre de son partenaire iranien qui reste sous le coup de sanctions occidentales depuis le début des années 2000.

D'un point de vue diplomatique, la guerre en Ukraine accentue les relations diplomatique et militaire entre les deux pays. Dès le début de l'offensive russe, Téhéran soutenait Moscou contre les sanctions diplomatiques et économiques de l'Occident. Très vite, les deux partenaires devenus concurrents en Syrie avaient trouvé un ennemi commun : l'Occident et l'OTAN. Cependant, l'Iran a la crainte qu'un retrait russe n'entraîne une accentuation de frappes israéliennes en Syrie. De plus, au cours du mois de juillet 2022, en réaction aux propositions occidentales de juger les responsables de crimes de guerre russes en Ukraine, Alexandre Bastrykine, président du Comité d'enquête de la Fédération de Russie[21], souhaite la mise en place d'un tribunal international afin de juger les Ukrainiens coupables de crimes de guerre et de crime contre l'Humanité. La Russie affirme avoir ouvert des instructions judiciaires contre 220 personnes. Des pays alliés et sensiblement proches de Moscou dans cette guerre pourraient alors y siéger comme les Etats parties à la Communauté des États indépendants[22], ceux de l'Organisation du traité de sécurité collective[23], les BRICS et ceux de l'Organisation de la coopération de Shangaï[24] ainsi que la Syrie et la Bolivie. De plus, la Russie, souffrant de carences dans le domaine des drones militaires par rapport aux Ukrainiens qui utilisent des drones de conception turque, souhaite également s'en procurer. L'Iran en possède presque un millier et ils ont l'avantage d'être *battle proven*, c'est-à-dire qu'ils ont fait leurs preuves au combat. Ainsi, des officiels russes se rendirent en Iran au début du mois de juillet 2022 pour passer une commande de 46 appareils. Selon l'*Institute for the Study of War*, des drones iraniens seraient déjà en Russie. De plus, l'Iran a réussi à se procurer 24

---

21 « Guerre en Ukraine. La Russie veut son propre tribunal international, avec l'Iran, la Syrie et la Bolivie », sur *Courrier International* [En ligne], publié le 25 juillet 2022.

22 Les États membres de la Communauté des États indépendants sont l'Arménie, l'Azerbaïdjan, la Biélorussie, le Kazakhstan, le Kirghizstan, l'Ouzbékistan, la Moldavie, la Russie, le Tadjikistan et le Turkménistan.

23 Les États membres de l'Organisation du traité de sécurité collective sont l'Arménie, la Biélorussie, le Kazakhstan, le Kirghizstan, la Russie et le Tadjikistan.

24 Les États membres de l'Organisation de la coopération de Shangaï sont la Chine, l'Inde, l'Iran, le Kazakhstan, le Kirghizistan, l'Ouzbékistan, le Pakistan, la Russie et le Tadjikistan.

avions russes de type Soukhoï SU-35 E Super Flanker, destinés initialement à l'Egypte mais qui ne furent jamais livrés étant donné les menaces de sanctions économiques de Washington à l'égard du Caire. Les services secrets occidentaux et israéliens estiment que des pilotes iraniens sont déjà en Russie pour se former à ces nouveaux appareils. Selon l'agence de presse iranienne *Tasnim* et citant le député iranien Shahriar Heydari, membre de la Commission de la sécurité nationale du parlement, l'Iran recevra ces appareils au cours du mois de mars 2023. Ces avions seraient affectés à la base aérienne d'Ispahan. La Russie fournirait également avec cette commande des systèmes de défense antiaérienne de type S-400, des hélicoptères de combat et des systèmes de lancement de missiles. L'accord prévoirait en échange une accentuation de la fourniture de pétrole iranien à la Russie. Cette vente d'avions militaires russes à l'Iran est présentée par certains médias occidentaux comme dramatique pour la région alors qu'une telle quantité n'est pas significative pour changer une quelconque donne géostratégique dans la région. Toutefois, au cours du mois de novembre 2022, deux bombardiers à long rayon d'action américains de type B-52 survolèrent les espaces aériens du Moyen-Orient en guise d'avertissement à l'Iran. De plus, fort de l'expérience de la guerre des drones en Ukraine, la construction de « drones tueurs » de conception russo-iranienne serait envisagée selon le renseignement américain[25]. Selon les Américains, Téhéran aurait également l'intention de livrer des centaines de missiles balistiques à la Russie qui en a tant besoin après les échecs qu'elle a vécus en Ukraine suite à

....
25 LAGNEAU Laurent, La livraison d'avions de combat russes Su-35 « Flanker E » à l'Iran se précise, sur *Zone Opex360* [En ligne], publié le 10 décembre 2022

la montée en puissance de la défense antiaérienne ukrainienne. À la fin du mois d'octobre 2022, le renseignement américain indiquait que « *Téhéran est maintenant directement engagé sur le terrain* [En Ukraine] »[26].

Drone iranien de type MERAJ © Tasnimnews

D'un point de vue géopolitique et centré sur la Syrie, cet embourbement russe en Ukraine a des conséquences non négligeables sur le dispositif et la stratégie russe en Syrie. Cela pourrait profiter à l'Iran. En effet, subissant de lourdes pertes au début de la guerre, la Russie redéploya une partie de son dispositif syrien en Ukraine notamment celui jugé sensible. La Russie déplaça une batterie de défense antiaérienne S300 présente dans le nord-ouest de la Syrie *a priori* pour défendre

....
26 FAUROUX V., Ukraine : des militaires iraniens « sur le terrain en Crimée » pour aider la Russie, selon Washington, sur *TF1* [En ligne], publié le 20 octobre 2022.

le ciel de Crimée. Elle transféra un escadron d'avion d'attaque Su-25 *Frogfoot* présent en Syrie pour combattre en Ukraine. De plus, le cargo russe Sparta III du *Syrian Express*[27] a été transféré en direction de l'enclave russe de Kaliningrad. Dès l'annonce de l'invasion, des mouvements suspects de forces iraniennes et de forces affiliées furent remarqués. Ainsi, Téhéran intensifia ses efforts pour déplacer des armes, des systèmes de reconnaissance, des systèmes de défense antimissile et des drones de l'Irak vers la Syrie et le Liban. Cela accentue les craintes de pays voisins de la Syrie comme la Jordanie qui voyait la présence russe en Syrie comme un facteur de stabilité dans la région et dont le retrait laisse désormais le champ libre à l'Iran. Le président de la République française, Emmanuel Macron, lors du sommet de Bagdad à Amman, en décembre 2022, déclarait que *« les problèmes de l'Irak, du Liban et de la Syrie peuvent être résolus dans le cadre de la réduction de la l'influence de la République islamique dans la région »*[28]. Ce retrait permet également à des pays dont l'action était jusqu'à présent contrainte par la Russie à agir plus librement. Il s'agit du cas de la Turquie qui prépare une offensive militaire dans le Kurdistan syrien. De plus, si le conflit syrien vient à s'aggraver et les oppositions à profiter de cette situation, la Russie ne pourrait se battre pleinement sur plusieurs fronts et devrait opérer un choix. Elle abandonnerait alors très certainement le théâtre syrien au profit du théâtre ukrainien. Cette situation

---

27 Nom non-officiel donné à la route logistique maritime entre les mers Noire et Méditerranée de la Russie vers ses forces militaires en Syrie. Ce corridor a été impacté par la décision de la Turquie de fermer ses détroits aux navires des belligérants.

28 « Deuxième Sommet de Bagdad pour la coopération et le partenariat en Jordanie », sur le site internet de l'Elysée, publié le 20 décembre 2022.

montrerait que seul l'Iran est alors le véritable allié de Bachar al-Assad et le pays des mollahs profiterait de cette situation aisément. En effet, l'Iran dispose également de plusieurs leviers pour asseoir son influence en Syrie et au Moyen-Orient. Sur le terrain, la stratégie iranienne est alors de combler le vide laissé par le départ des forces russes et d'occuper le terrain. Ainsi, l'Iran réactiva ses forces dans les provinces de Homs et Deir ez-Zor tout en équipant ses forces par procuration dans diverses parties de la Syrie avec de nouvelles armes de meilleure qualité[29]. Le CGRI renforça sa présence militaire dans les entrepôts de Mahin, dans le désert de Palmyre, le deuxième plus grand dépôt d'armes et de munitions de Syrie, après un retrait complet du 5e corps russe vers l'aéroport militaire de Palmyre en avril 2022.

L'Iran pourrait également renforcer son dispositif dans le sud-ouest syrien, à la frontière israélienne, afin de maintenir une pression constante sur le nord de l'État hébreu. La Russie ne serait plus en mesure d'empêcher l'Iran d'opter pour cette stratégie. Il s'agit de la crainte principale d'Israël depuis le début de l'invasion russe de l'Ukraine et des conséquences en découlant sur l'opération militaire russe en Syrie. De plus, l'Iran utilise les aéroports syriens librement afin de continuer de fournir en armes le *Hezbollah* libanais.

Ainsi, pour l'heure, l'Iran se montre assez prudent et opportuniste en Syrie bien que profitant de l'enlisement russe en Ukraine pour tenter d'accroître sa mainmise territoriale sur la Syrie.

....
29 AZIZI Hamidreza, The Impact of the Ukraine War on Iran-Russia Relations in Syria, sur *Al Sharq Strategic Research* [En ligne], publié le 17 juin 2022.

L'Iran : partenaire régional de Moscou dans le dossier syrien ?

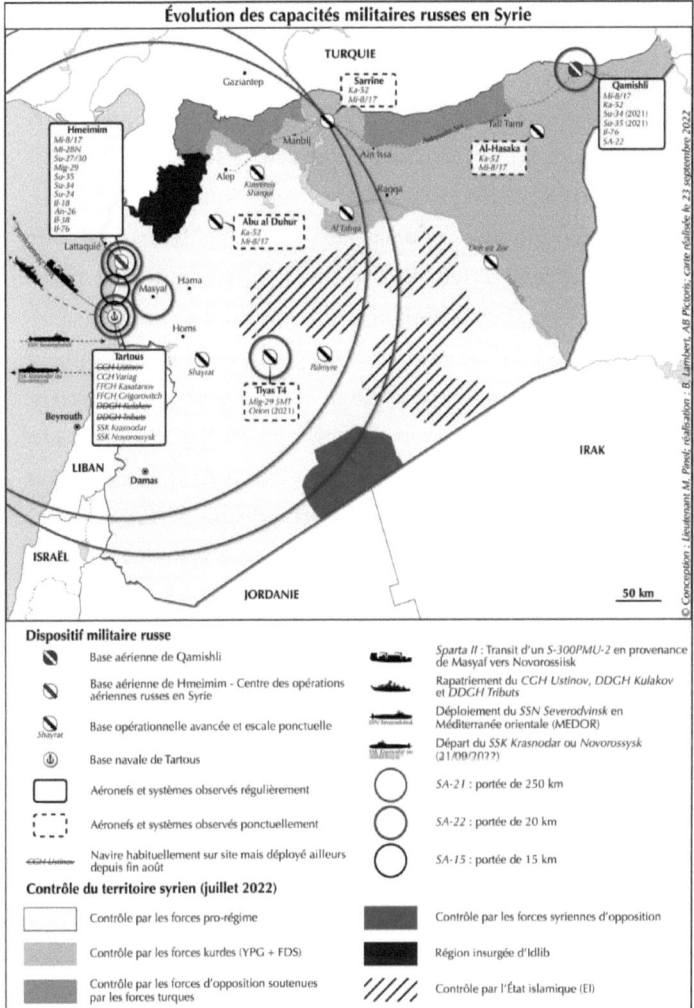

Carte présentant l'évolution du dispositif militaire russe en Syrie depuis la guerre en Ukraine. © *Revue Defense Nationale* (Avec l'aimable autorisation de Pascal Lecardonnel).

EN BREF

La Russie et l'Iran sont régulièrement dépeints par la presse comme étant des alliés, des partenaires de poids en Syrie. Leurs relations sont plus complexes que cela et le dossier syrien le montre bien. Bien qu'étant interdépendants l'un de l'autre, l'Iran a besoin du support aérien russe et la Russie a besoin de l'important vivier humain iranien, Iran et Russie poursuivent des objectifs éloignés voire contradictoires. Chacun essaie d'avancer au maximum ses pions en Syrie notamment dans l'appareil militaire syrien. Cette concurrence concerne également l'aspect économique de la reconstruction syrienne, un chapitre y est dédié. Des déclarations publiques sont faites de part et d'autre fustigeant la partie adverse. L'Iran a la juste impression d'avoir servi de variable d'ajustement dans le dossier syrien après que Moscou ait fait pression sur Téhéran pour qu'il retire ses forces du nord-Israël. Mais l'Iran peut-il se fâcher avec la Russie au risque de perdre un soutien essentiel pour sa politique régionale globale ?

CHAPITRE 8

La confrontation des Iraniens, des États-Unis et de leurs alliés en Syrie

> « *Les forces syriennes ont réussi à vaincre les terroristes soutenus par les États-Unis - qui ont été créés par l'Occident et leurs alliés dans notre région, comme les Saoudiens* ». Déclaration du Guide suprême iranien Ali Khamenei après les frappes occidentales contre la Syrie en avril 2018.

L'Iran est considéré et vu comme un paria tant au niveau régional qu'au niveau international. L'intervention iranienne en Syrie depuis 2012 a créé des craintes dans la région, particulièrement en Israël et en Arabie saoudite. Cette intervention est également venue menacer la stratégie américaine au Moyen-Orient. Ces trois États œuvrent donc pour limiter l'expansion de l'influence iranienne au Moyen-Orient en général et en Syrie en particulier. Le thème de ce chapitre est de montrer quelle stratégie mettent en œuvre les États-Unis, Israël et l'Arabie saoudite pour contrer l'Iran en Syrie. Cependant, ces stratégies ne dissuadent pas l'Iran de vouloir se maintenir en Syrie et entraînent un recalibrage de la stratégie de Téhéran et quelques fois une riposte armée de sa part mais toujours graduée.

Iran-Etats-Unis : un affrontement de plus en plus direct mais circonstancié

L'Iran et les États-Unis eurent des relations très proches entre la fin de la Seconde Guerre mondiale et la Révolution islamique de 1979. Cela s'est manifesté par un soutien américain dans les domaines nucléaire et militaire. L'Iran fut le seul pays à pouvoir disposer du nouvel avion F14 Tomcat, témoignage de la relation très forte entre les deux pays durant cette période. Cette bonne relation fut gâchée par la Révolution islamique et les événements qui ont suivi (notamment la prise d'otage à l'ambassade américaine en Iran). Depuis 2001, l'Iran, au même titre que l'Irak, a été placé sur la liste des États voyous[1] puis ceux constituant les États décrits comme « avant-postes de la tyrannie » par l'administration américaine[2]. Cependant, l'administration américaine a pu compter sur le soutien discret de Téhéran lors de l'invasion de l'Irak en mars 2003. Des unités de milices chiites irakiennes ont pu, pour le compte de Téhéran, opérer en territoire irakien pour mener des opérations de renseignements sur l'état des défenses anti-aériennes du pays, renseignements

....
1   La liste initiale est ainsi composée de la Corée du Nord, du Pakistan, de l'Irak, de l'Iran, de l'Afghanistan et de la Libye. Plus tard, le Pakistan, l'Irak, l'Afghanistan et la Libye en ont été retirés.
2   Formulation prononcée lors d'un discours de Condoleezza Rice, secrétaire d'État américaine de 2005 à 2009, le 18 janvier 2005 faisant référence au régime politique interne du Belarus, Myanmar, de Cuba, de l'Iran, de la Corée du Nord et du Zimbabwe.

bénéfiques pour l'armée américaine. Une forme de cogestion de l'Irak s'est ainsi dessinée entre l'Iran et les États-Unis.

En Iran, *Daesh* est perçu comme une grande menace. En effet, l'organisation terroriste a pu s'étendre rapidement dans le nord de l'Irak jusqu'aux frontières libanaises. Elle contrôlait un territoire égal en superficie à celui du Royaume-Uni. Ce qui inquiéta fortement Téhéran fut la menace que celle-ci faisait peser sur les chiites dans la région dont elle souhaite anéantir mais également saper l'attractivité du groupe terroriste parmi les citoyens musulmans ou non du monde entier. L'Iran est donc directement menacé sur ses frontières. En Irak, l'Iran a d'abord tenté de minimiser l'importance de ce groupe terroriste sunnite en juin 2014. Les médias iraniens annoncèrent même des victoires de l'armée irakienne contre *Daesh*[3]. Le son de cloche est identique au sein du gouvernement iranien. Le 16 juin, le vice-ministre des Affaires étrangères, Amir Abdollahian, déclara que *Daesh* ne représentait «*aucune menace contre les frontières géographiques de la République islamique d'Iran*»[4]. Téhéran déclara également que la création de l'État islamique était l'œuvre des Occidentaux, que ces derniers avaient une part de responsabilité dans le chaos actuel étant donné «*l'invasion américaine de l'Irak et la présence étrangère qui crée une dynamique de résistance*»[5]. L'Iran dut se rendre à l'évidence. Bagdad était complètement dépassé par la situation, surtout dans le nord du pays, près de la grande ville de Mossoul où l'armée irakienne battait en

....
3   ESFANDIARY Dina et TABATABAI Ariane, Iran's ISIS policy, sur *The Royal Institute of International Affairs*. [En ligne], publié en 2015.
4   *Ibid.*
5   *Ibid.*

retraite et abandonnait un nombre incalculable de matériels récents de conception américaine. Téhéran dut alors recalibrer sa stratégie régionale et dégarnir un temps le front syrien pour aller épauler Bagdad de toutes ses forces. L'Iran prévint le groupe terroriste : la prise des villes de Damas, Erbil ou Bagdad déclencherait une riposte très forte de sa part contre le groupe terroriste.

Dans le même temps, dès août 2014, les États-Unis annoncèrent le retour de leur présence en Irak pour lutter contre le groupe terroriste. Les premiers bombardements sur les positions tenues par les terroristes eurent lieu. Le mois suivant, une coalition internationale se forma[6]. *Daesh* apparut en Syrie dès 2013 mais sa présence sur le territoire syrien fut très limitée. L'année 2014 marqua une montée en puissance de ce groupe supplantant alors les groupes terroristes déjà présents en Syrie comme *al-Qaïda* ou *al-Nosra*. Le ciel et le territoire syrien se virent partagés entre tous les États belligérants. Ainsi, l'aviation et les troupes russes, syriennes, iraniennes, turques, françaises, britanniques, canadiennes, australiennes, italiennes, belges, etc durent cohabiter en bonne intelligence et éviter les bavures. Washington et Téhéran ont un ennemi commun : l'émergence du groupe terroriste *Daesh* en Irak et en Syrie. Des formes de coopération avaient déjà eu lieu auparavant notamment contre les Talibans ou contre Saddam Hussein. Leur coopération fut étrange car dès le début, Washington ne souhaita pas que Téhéran participe à la coalition internationale contre *Daesh* et notamment lors de la conférence de Paris de septembre 2014, alors même que Téhéran déclarait que le refus émanait de sa propre

---

6 Les premiers bombardements d'avions français eurent lieu le 19 septembre 2014 en Irak pendant l'opération Chammal.

diplomatie. En effet, le Guide suprême en personne, Ali Khamenei, affirma que plusieurs responsables américains avaient approché leurs homologues iraniens afin de discuter de la coordination des efforts contre *Daesh*. Bien que l'Iran ne fût pas opposé à une telle coordination, Ali Khamenei prit la décision de rejeter cette demande des États-Unis. Il faut également remarquer l'absence de condamnations de Téhéran suite aux bombardements de l'aviation américaine en Irak. Ce refus de Téhéran de participer à une telle coalition sous la houlette américaine peut s'expliquer par l'émergence d'une ligne plus dure au sein de la classe politique iranienne rejetant toute proximité avec les Occidentaux, surtout dans le contexte des négociations sur le nucléaire iranien. Ce refus peut également s'expliquer par le fait que Téhéran laisse les Occidentaux battre *Daesh* pour que ses troupes affiliées puissent regagner du terrain contre les rebelles en Syrie. Malgré cela, États-Unis et Iran partagent le même objectif aussi bien en Syrie qu'en Irak : anéantir *Daesh* et préserver les intégrités territoriales de la Syrie et de l'Irak. En juin 2014, Hesameddin Ashna, chef du Centre d'études stratégiques et conseiller du président Rohani mentionna que « *l'Iran ne soutiendrait pas une intervention terrestre américaine mais que des frappes aériennes pourraient aider l'armée de l'air irakienne "paralysée"* »[7]. La présence occidentale en Syrie et particulièrement l'intervention américaine en Syrie contre *Daesh* permit à l'Iran d'être totalement flexible et de pouvoir se déployer d'un front à l'autre entre l'Irak et la Syrie quand la situation l'exigeait. Cependant, *Daesh* maintenant vaincu, les troupes occidentales restent toujours présentes en Irak et en Syrie

---

7   *Ibid.*

au grand dam de Téhéran qui, avec le soutien de Moscou, réclame régulièrement leur départ immédiat.

Les États-Unis, comme l'Occident en général, ont été très actifs dès le début du Printemps arabe en janvier 2011. Ils ont d'ailleurs mené une opération militaire visant à introduire une zone d'exclusion aérienne dans le ciel libyen en mars 2011, avec la bénédiction de l'ONU et les abstentions de l'Allemagne, la Chine et la Russie. Les États-Unis n'hésitèrent pas à condamner fermement la réaction du pouvoir syrien contre la rue.

En août 2013, le pouvoir syrien est accusé par la communauté internationale d'avoir utilisé du gaz de combat contre les rebelles dans la Ghoutta, région proche de Damas. La ligne rouge fixée par l'Occident fut franchie. Washington, Londres et Paris menacèrent alors d'intervenir militairement en Syrie pour punir le régime d'al-Assad. Seulement, le Premier ministre britannique, David Cameron, dut demander l'aval du Parlement britannique avant toute frappe. Face au recul britannique, Barack Obama déclara également demander l'avis à son Congrès. Il ne restait alors que Paris qui était décidé à sanctionner militairement la Syrie mais n'avait pas suffisamment de poids politique à l'international ni la capacité opérationnelle pour le faire seul. L'Iran menaça de s'en prendre à tout appareil s'en prenant au territoire syrien. En 2013, l'Occident ne frappa pas la Syrie, au grand dam des rebelles qui lui demandèrent d'introduire également une zone d'exclusion aérienne dans le ciel syrien.

Les Occidentaux frappèrent le territoire syrien en avril 2018 après l'usage présumé de gaz chimique par le régime d'al-Assad. Le président américain Donald Trump déclarait à la télévision face à ses compatriotes : «*À l'Iran et à la Russie, je demande : quel genre de nation veut être associée au meurtre de masse d'hommes, de femmes et d'enfants innocents ?* ». Ainsi, la France, le Royaume-Uni et les États-Unis frappèrent la banlieue de Damas après avoir pris le soin de prévenir les autorités russes et iraniennes afin d'éviter tout dégât collatéral. L'Iran, par la voix de ses officiels, a vivement réagi à ces frappes sur son allié syrien. Ainsi, le président Hassan Rohani déclara au cours d'un entretien téléphonique avec le président syrien qu'« *ignorer la souveraineté d'un pays signifie tenter de créer de l'instabilité et des troubles dans la région. Dans des conditions où les terroristes subissent chaque jour une nouvelle défaite en Syrie, cet acte d'agression des trois pays signifie définitivement soutenir ces groupes vaincus. Comme nous l'avons souligné à plusieurs reprises, la présence de tout pays étranger en Syrie sans l'autorisation du gouvernement syrien est contraire aux réglementations internationales et constitue une sorte d'agression sur le sol syrien. Aucun gouvernement étranger ne peut décider de l'avenir de la Syrie et les seuls décideurs sont le peuple de ce pays et la République islamique d'Iran se tiendra aux côtés du gouvernement et du peuple syriens.* »[8]. Le président syrien déclara pour sa part que « *lorsque les agresseurs n'ont pas atteint leurs objectifs par des moyens politiques, ils ont décidé de commettre cet acte d'agression, qui est contraire à toutes les réglementations internationales* »[9]. Le Guide suprême iranien réagit également les 14 et 16 avril 2018 lors d'une allocution devant des responsables gouvernementaux et des diplomates de pays musulmans. Il déclarait ainsi le 14 avril : « *l'attaque de ce matin contre la Syrie est un crime. Je déclare fermement*

---

8 « Part 3: Iran in Syria, Reaction to US-led Airstrikes », sur *United States Institute of Peace* [En ligne], publié le 16 avril 2018.

9 *Ibid.*

que le président américain, le président français et le Premier ministre britannique ont commis un crime majeur. Ils n'en retireront aucun bénéfice ; tout comme ils ne l'ont pas fait en Irak, en Syrie et en Afghanistan, au cours des dernières années, en commettant les mêmes actes criminels. (…) Les États-Unis n'ont joué aucun rôle dans la défaite de l'EI »[10]. Il se permit même de faire un rappel historique. Il déclara que « *Les États-Unis ont également soutenu le cruel dictateur Saddam [Hussein]. Des milliers de personnes d'Iran et d'Irak ont été tuées ou blessées par les armes chimiques utilisées par Saddam* ». Il ajouta que « [la présence de l'Iran] *en Syrie, en opposition aux terroristes soutenus par les États-Unis, n'est pas vaine. L'affirmation selon laquelle la République islamique recherche l'hégémonie est un mensonge absurde. Nous n'avons aucune raison ni aucun désir de rechercher l'hégémonie. Nous nous sommes impliqués dans la région de l'Asie occidentale – en Syrie – parce qu'il y avait une résistance contre l'oppression. Ainsi, vous voyez, avec la grâce de Dieu, grâce à l'aide apportée et grâce à la bravoure des guerriers, les forces syriennes ont réussi à vaincre les terroristes soutenus par les États-Unis - qui ont été créés par l'Occident et leurs alliés dans notre région, comme les Saoudiens* »[11]. Le ministre iranien des Affaires étrangères Mohammad Javad Zarif appela également son homologue syrien et déclara que « *c'est un exemple frappant des efforts des États-Unis pour trouver des excuses, entraver le processus de rétablissement de la paix et soutenir les terroristes* »[12].

L'effacement de l'influence iranienne en Syrie est l'une des priorités de la diplomatie américaine sous l'ère Trump et cette priorité est maintenue sous le mandat de Joe Biden.

....
10 *Ibid.*
11 *Ibid.*
12 *Ibid.*

En ce sens, Washington adopte une stratégie de pression maximale contre Téhéran. L'objectif pour les États-Unis est multiple. Les frappes à répétition de l'armée américaine contre des milices pro-iraniennes servent à avertir Téhéran de ne pas s'enraciner trop durablement en Syrie et de cesser de s'attaquer aux intérêts américains en Irak et dans la région. Elles servent également à rassurer Tel-Aviv qui craint énormément la présence de ces dernières sur ses frontières septentrionales. Joe Biden dut montrer en 2021 qu'il ne se laisserait pas faire malgré un changement radical dans l'approche des relations avec l'Iran par rapport à son prédécesseur. Ainsi, dès le 25 février 2021, il ordonna de frapper des milices pro-Iran après des attaques en Irak, semble-t-il, ordonnées par Téhéran, contre des militaires américains. Le second objectif est davantage géopolitique. Il consiste à faire rompre les relations entre Damas et Téhéran en sapant durement l'économie syrienne puis également de faire pression sur tous les partenaires économiques de l'Iran. Cette politique américaine s'est avérée être assez inefficace. En effet, cette dernière a davantage renforcé le lien unissant Damas à Téhéran en multipliant les accords économiques et de défense.

L'Iran ne se laisse pas impressionner pour autant et réplique également quand ses intérêts en Syrie sont menacés. Les exemples de représailles ne manquent pas. Dès 2019, l'Iran frappa des installations portuaires saoudiennes en riposte à un bombardement israélien sur un lieu de fabrication de missiles au Liban pour le *Hezbollah* libanais. Comme durant la guerre Iran-Irak, entre 1980 et 1988, l'Iran s'attaqua à l'été 2021 au commerce maritime pétrolier en saisissant ou attaquant des pétroliers. En octobre 2021, après une frappe d'Israël contre ses milices, Téhéran aurait ainsi procédé à une frappe de drones sur une base américaine dans le sud de la Syrie. Cette attaque iranienne supposée n'a pas l'effet escompté étant donné que les puissants services de renseignement israéliens avaient anticipé cette frappe et prévenus les Américains. L'Iran, accusé par Israël et les États-Unis, nia en bloc être l'auteur de cette frappe. Le porte-parole du ministère iranien des Affaires étrangères déclara qu'« *Il y a eu un certain nombre de ces incidents où ils ont accusé l'Iran sans aucune preuve ni aucun document. Les pays qui ont établi des bases militaires en Syrie sans l'invitation du gouvernement central syrien, poursuivent des politiques de terrorisme et soutiennent les pays terroristes sont la véritable racine de l'instabilité dans la région et en Syrie* »[13]. Cependant, certains officiels iraniens du CGRI reconnurent à demi-mot la participation de leur pays dans cette frappe. Cette dernière serait, selon ces derniers, une réponse aux États-Unis autorisant les attaques israéliennes contre les forces de « résistance » dans l'est de la Syrie.

Les engagements militaires entre les différentes parties deviennent progressivement plus intenses. Il faut cependant que l'Iran et ses alliés veillent à ne pas déclencher une riposte trop importante contre eux et à rester sous le seuil de riposte nucléaire des Américains voire même des Israéliens. Les États-Unis, Israël et les Occidentaux ont de nombreux intérêts vitaux au Moyen-Orient. Ces derniers aussi doivent veiller à ne pas déclencher la fureur de Téhéran contre eux. L'Iran a montré jusqu'où il était capable d'aller durant la guerre Iran-Irak quand les Occidentaux, France et États-Unis en tête,

---

13 BERGMAN Ronen et SCHMITT Eric, Strike on U.S. Base Was Iranian Response to Israeli Attack, Officials Say, sur *The Washington Post* [En ligne], publié le 18 novembre 2021.

soutinrent le régime de Saddam Hussein. L'Iran avait alors pu s'attaquer aux intérêts américains et français au Liban. Il convient de rappeler que les troupes françaises sont toujours engagées au Liban dans le cadre de la FINUL et pourraient être une cible de premier choix en cas d'attaque iranienne. L'Iran s'était également attaqué aux intérêts français sur le territoire français en perpétrant des attentats terribles pour tenter de faire infléchir Paris dans son soutien à Bagdad.

Une autre guerre, ne disant pas son nom, fut déclarée entre les deux ennemis de la région : l'Iran et Israël. Il s'agit d'une véritable guerre secrète entre les deux protagonistes.

Iran-Israël : la Syrie au cœur d'une guerre régionale secrète

L'Iran et l'État d'Israël entretenaient d'excellents rapports diplomatiques jusqu'à la Révolution islamique de 1979. Malgré ce bousculement diplomatique entre les deux États, durant la guerre contre l'Irak, entre 1980 et 1988, Israël soutint l'Iran estimant le régime irakien de Saddam Hussein plus dangereux que l'Iran islamique. Dès lors, les rapports entre Téhéran et Tel-Aviv s'envenimèrent et les discours martiaux d'un côté comme de l'autre fusèrent. Il faut se souvenir des déclarations de l'ancien président iranien Ahmadinejad annonçant que l'État d'Israël serait détruit. La guerre en Syrie mit en exergue l'antagonisme profond existant entre l'Iran et Israël. Ces derniers se livrent depuis 2011 une guerre secrète mais sans pitié.

La guerre en Syrie changea la donne dans l'environnement proche d'Israël. Depuis les accords de Camp David à la fin des années 1970, le puissant voisin égyptien n'était plus une menace. Il restait alors la Syrie avec laquelle il est encore officiellement en guerre depuis 1948 et le Sud-Liban où prolifère le *Hezbollah* que la courte guerre de l'été 2006 n'a pu anéantir. Les Printemps arabes constituaient une crainte légitime pour Tel-Aviv étant donné qu'il ne savait pas comment évolueraient ses rapports avec l'Égypte. La guerre en Syrie changea donc l'appréciation d'Israël dans la région alors même que l'implication de l'Iran en Syrie ne faisait l'objet d'aucun doute. L'ennemi iranien se rapprochant des frontières d'Israël, les autorités israéliennes suivirent alors de près les événements en Syrie depuis 2011. Elles s'engagèrent dans une neutralité méfiante à l'égard de Bachar al-Assad. Il vaut mieux avoir quelqu'un que l'on connaît plutôt qu'un nouveau dirigeant inconnu. Illan Greilsammer, professeur de sciences politiques à l'université de Tel-Aviv, mentionnait le fait qu'Israël s'inquiétait davantage de la présence iranienne en Syrie plutôt que de l'émergence de *Daesh*[14].

Derrière le soutien manifesté à Damas, la stratégie de Téhéran est claire. Encercler le territoire hébreu, son ennemi absolu, et renforcer ses *proxies* luttant contre ce dernier, notamment le *Hezbollah* libanais. Petit à petit, les forces de la Légion iranienne grignotèrent du terrain en Syrie au fur et à mesure que les combats étaient gagnés notamment à proximité de la frontière israélienne. D'importantes places fortes, sur les conforts du plateau contesté du Golan, ont été investies par cette dernière. Elles offrent un lieu stratégique pour le tir de missiles sur le nord et le centre d'Israël. Cela permet d'accroître la menace sur l'ennemi israélien.

....
14   DALLE Ignace et GLASMAN Wladimir, *Le cauchemar syrien*, *op.cit.*, page 358.

L'Iran peut également organiser des séries de représailles après des frappes israéliennes sur ses convois d'armement ou les milices affiliées. Téhéran et ses alliés n'orchestrent que des représailles limitées et jamais de grande ampleur. Israël a la meilleure armée du Moyen-Orient et dispose de l'arme suprême. Il faut donc faire attention à ne pas entrer dans le seuil de riposte sévère israélienne. Par exemple, en réponse à un bombardement ayant coûté la vie à des personnels iraniens en Syrie, en mai 2018, Israël affirma que la force iranienne *al-Qods* du CGRI avait lancé une vingtaine de roquettes depuis le territoire syrien visant les forces israéliennes sur les hauteurs du plateau du Golan. Une ligne rouge semble être décrite par Téhéran : le meurtre, le bombardement de soldats du CGRI. En mars 2022, les forces israéliennes ont mené une frappe sur l'aéroport de Damas tuant deux soldats du CGRI. La riposte iranienne est intervenue une semaine plus tard mais en Irak. En effet, d'importants tirs de missiles balistiques eurent lieu contre la ville irakienne d'Erbil, soupçonnée d'abriter des centres de formation du Mossad, les services secrets israéliens.

La force de la stratégie iranienne en Syrie face à Israël réside dans sa flexibilité. L'Iran peut recalibrer, repositionner, adapter ses forces en fonction des circonstances. En effet, après les pressions exercées par Moscou quand il s'agissait de retirer la Légion iranienne des frontières nord d'Israël, l'Iran recalibra son dispositif vers l'est de la Syrie, une zone plus sécurisée après le retrait américain d'une base aérienne d'Irak. La faiblesse de la stratégie iranienne en Syrie est le nombre important de miliciens de la Légion iranienne. Ce sont des cibles de premier ordre pour l'aviation de Tel-Aviv et les pertes sont importantes. Il y aurait eu entre 3000 et 5000 combattants de la Légion iranienne qui auraient péri suite aux frappes israéliennes[15].

Les objectifs d'Israël sont d'œuvrer contre l'insécurité aux frontières du nord du pays et de contrer par tous les moyens nécessaires un renforcement trop important des troupes iraniennes et des milices qu'elles commandent sur ses frontières septentrionales. En ce sens, en avril 2021, le général de brigade Yossi Kuperwasser, ancien directeur général du ministère des Affaires stratégiques, déclarait qu'Israël voulait *« empêcher l'Iran de transformer la Syrie en une base iranienne proche d'Israël, ce qui pourrait apporter un changement stratégique radical dans la situation. C'est pourquoi nous continuons à pilonner les bases iraniennes afin qu'elles ne prennent pas le contrôle du pays »*[16].

Plusieurs phases se dessinent dans la guerre israélienne contre l'Iran. Pour cela, Israël mène ce qui est appelé une « campagne entre les guerres ». Cela se traduit par des actions militaires préventives, discrètes, ciblées et non revendiquées qui empêchent par conséquent l'ennemi de riposter et donc de déclencher une escalade incontrôlée pouvant conduire à un conflit ouvert[17].

---

15 CHAUVEL Oren, *La guerre de l'ombre entre Israël et la République islamique d'Iran*, Paris, Editions L'Harmattan, 2022, page 96.
16 AOUN Alexandre, La Syrie coincée entre l'Iran et la Russie, sur *Orient XXI* [En ligne], publié le 27 juin 2022.
17 PEYRONNET Arnaud, « Vers un regain des tensions israélo-iraniennes au Moyen-Orient ? », dans NOUVEAUX RAPPORTS DE FORCE EN MÉDITERRANÉE ET AU MOYEN-ORIENT JUILLET DÉCEMBRE 2020, sur *Fondation Méditerranéenne d'Études Stratégiques* [En ligne], page 96.

1. Les opérations secrètes de Tsahal contre l'Iran

Au début de la guerre en Syrie, les opérations menées par Tsahal face aux Iraniens furent discrètes. Cette première phase dans la stratégie israélienne s'est opérée de 2013 à 2017. Durant ces années, Israël aurait alors mené différents raids contre les positions des milices soutenues par Téhéran en Syrie et au Liban. La première frappe fut celle du 30 janvier 2013 quand des avions israéliens ont bombardé un convoi d'armement iranien à destination du *Hezbollah* libanais[18]. Une deuxième frappe eut lieu en mai 2013 dans la banlieue sud de Damas. Le tournant de cette guerre fantôme entre les deux pays eut lieu à partir de 2016 quand Israël renforça ses frappes contre les forces satellites de l'Iran dans la région. Ces dernières transfèrent de plus en plus d'armes de haute technologie à destination du Liban et du *Hezbollah*. Les combats semblent s'amoindrir et perdre en intensité, le gouvernement central de Damas reprenant de plus en plus de territoires. Cependant, dans le sud de la Syrie, les éléments de la Légion iranienne s'installent de plus en plus et de manière définitive. Cela constitue alors une ligne rouge absolue pour Israël. Les frappes israéliennes augmentent en intensité et le ciblage des groupes pro-Iran en Syrie est facilité par le manque de discrétion de ces derniers lors de leurs déplacements. La stratégie de Tel-Aviv est claire : ne jamais annoncer avoir mené des frappes en Syrie pour ne pas subir de représailles en retour.

2. L'engagement plus frontal des forces israéliennes

Cette seconde phase dans l'engagement israélien contre l'Iran et ses milices s'est opérée de 2017 à 2018. Dès le mois

---

18 CHAUVEL Oren, *La guerre de l'ombre entre Israël et la République islamique d'Iran*, Paris, Editions L'Harmattan, 2022, page 94.

de janvier 2017, l'aviation de *Tsahal* effectua des sorties quotidiennes pour frapper les positions détenues par les milices pro-iraniennes en Syrie. En décembre 2017, pour la première fois Tel-Aviv reconnaissait avoir attaqué plus d'une centaine de fois des convois d'armements destinés au *Hezbollah* libanais. Certaines sources évoquent le chiffre de deux mille bombes larguées rien que pour l'année 2018. L'engagement israélien se veut plus frontal et moins discret comme auparavant. Des tirs de missiles sol-sol ont même été recensés pour frapper des cibles dans le sud syrien. Ce basculement dans la stratégie israélienne en Syrie s'est effectué en 2016, selon l'ancien chef d'état-major de l'armée israélienne Gadi Eizenkot, en réponse au changement de stratégie de l'Iran qui tirait profit de l'intervention occidentale contre *Daesh* en Syrie. Également selon ce dernier, entre 2013 et 2018, Israël prit le soin de ne frapper que les infrastructures militaires iraniennes en Syrie et non son personnel afin que Téhéran ne puisse justifier toute riposte militaire contre Israël.

3. *L'extension des frappes israéliennes en Irak et au Liban contre la Légion iranienne*

Cette phase se déroula de 2019 à 2020. Désormais, aucun État par lequel transitent des armes iraniennes à destination du Liban n'est à l'abri de frappes israéliennes. Ainsi, entre juillet et septembre 2019, le territoire irakien est frappé par cinq offensives aériennes israéliennes.

La première offensive eut lieu le 19 juillet contre la ville d'Amirli où des drones israéliens attaquèrent un casernement et un dépôt de munitions utilisés par la Légion iranienne.

La confrontation des Iraniens, des États-Unis et de leurs alliés en Syrie

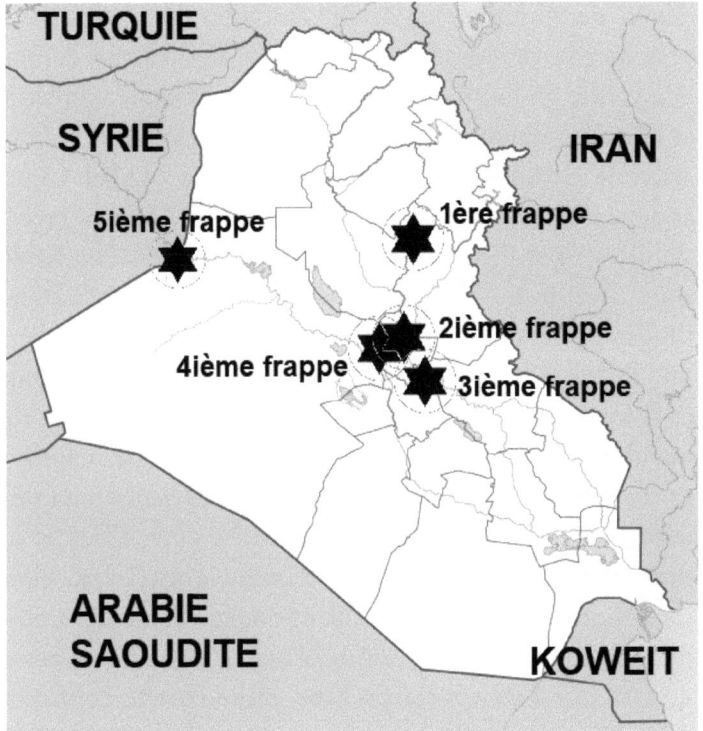

Localisation des frappes israéliennes en Irak de l'été 2019
(fond de carte © Wikipedia).

Le 27 juillet, une frappe aérienne avec des avions F35 eut lieu contre le camp d'Achraf, un grand camp militaire utilisé par la milice Badr. Les Israéliens frappèrent alors les lieux de casernement d'officiers du CGRI et d'abri de missiles balistiques. Cette attaque coûtera la vie à plus de 40 miliciens. Le 12 août des dépôts de munitions de la Légion iranienne en Irak au sud de Bagdad. En réaction, l'Irak ferma son espace aérien à tous les vols non autorisés y compris ceux de la Coalition internationale contre *Daesh*. Les autorités irakiennes ordonnèrent le mouvement des dépôts de munitions en dehors des villes irakiennes pour préserver la vie des civils. Le 14 août, des frappes eurent lieu contre les locaux de la 30ᵉ brigade irakienne, affiliée à la Légion iranienne. Le 20 août, l'Irak signala une frappe aérienne sur une base logistique au nord de Bagdad. Cette attaque ciblait une cinquantaine de missiles de haute précision livrés par l'Iran à la milice *al-Hashd al-Shaabi*. Le 25 août, un convoi d'armes de cette milice fut ciblé à la frontière irano-irakienne. Le 8 septembre, une attaque eut lieu près du poste frontalier d'Albu Kamal al-Qaim entre l'Irak et la Syrie. Au cours de celle-ci, près d'une vingtaine de membres du CGRI et de la Légion iranienne périrent. Le 17 septembre, de nouveau, une attaque aérienne visa des dépôts de munitions près de la frontière entre l'Irak et la Syrie et fit une dizaine de morts dans les rangs de la Légion iranienne. Ces attaques firent une soixantaine de morts dont un civil. Le Premier ministre israélien Netanyahou déclara que l'Iran n'était à l'abri nulle part et confirma qu'Israël était derrière ces attaques aériennes en Irak. Les États-Unis confirmèrent également que ces frappes avaient été orchestrées par les Israéliens.

En 2020, un incident frontalier éclata entre le Liban et Israël où des échanges de tirs furent orchestrés en riposte à une tentative de pénétration du territoire israélien par des miliciens du *Hezbollah*. Des bombardements israéliens eurent lieu en représailles au Liban.

4. La recrudescence d'actions non attribuables

Israël performe dans les actions dites potentiellement non attribuables. Elles concernent les actions cyber, d'assassinats ou encore de sabotages. Cette phase commença en 2020 et est encore d'actualité. Ainsi, dès le mois de mai

2020, une importante cyberattaque eut lieu dans le port de Shadid Rajaee, dans le détroit d'Ormuz, provoquant des embouteillages monstres de camions de livraison. Durant l'été 2020, plusieurs explosions eurent lieu dans diverses installations nucléaires iraniennes ou encore des centrales électriques du pays. Le programme nucléaire iranien aurait alors pris du retard. De plus, le père du nucléaire iranien, Mohsen Fakhrizadef, a été assassiné en plein jour en territoire iranien en novembre 2020[19]. L'ombre du Mossad israélien ne fait guère de doutes. En mai 2021, neuf personnes ont été blessées dans une explosion dans une usine iranienne produisant des drones à Ispahan. L'explosion s'est produite après que le Premier ministre Benjamin Netanyahu a déclaré qu'un drone armé d'explosifs avait été abattu par les forces israéliennes et avait été lancé par l'Iran vers Israël depuis la Syrie ou l'Irak. En septembre 2021, trois personnes ont été blessées dans un incendie dans un centre de recherche du CGRI à l'ouest de Téhéran. En octobre 2021, une cyberattaque paralysa des stations-service à travers l'Iran. Il a été rapporté que certains systèmes piratés affichaient des messages s'adressant au Guide suprême iranien Ali Khamenei. En novembre 2021, les médias iraniens rapportèrent qu'une explosion avait eu lieu dans un oléoduc du sud du pays. En mai 2022, divers officiers du CGRI et de la force *al-Qods* ont été assassinés en Iran. Ainsi, le colonel Sayad Khodayee, participant aux opérations iraniennes en Irak et en Syrie, a été assassiné à Téhéran dans son véhicule. Fin mai 2022, un autre

....
19 BORDAT Antoine, Iran-Israël : une entente impossible ? sur *Fondation Méditerranéenne d'Études Stratégiques* [En ligne], publié le 26 mars 2021.

assassinat eut lieu et visait un ingénieur près d'un complexe militaire au sud de Téhéran.

5. *Les attaques de cargos iraniens*

Les forces armées israéliennes disposent de bons commandos marins bien formés aux techniques de sabotage et d'arraisonnage de navires sur le modèle des commandos occidentaux. Ainsi, de 2019 à 2021, ils ont pu mener des attaques endommageant à des niveaux de gravité divers de nombreux cargos iraniens transportant du pétrole ou des armes à destination de la Syrie.

Le golfe et la mer d'Oman ont été les principaux lieux des attaques israéliennes sur les cargos iraniens. Début avril 2021, une mine limpet[20] endommagea assez sévèrement un navire de renseignement de la marine du CGRI. À la fin du mois d'avril 2021, un pétrolier iranien fut l'objet d'une attaque de drone israélien au large des côtes syriennes. En mai 2021, un pétrolier iranien explosa au large de la Syrie. Début juin 2021, un navire de la marine iranienne prit feu à proximité du port de Jask. En août 2021, un navire commercial amarré au port de Lattaquié fut sévèrement endommagé à la suite d'une très forte explosion.

6. *Jouer la carte russe pour contraindre l'Iran en Syrie*

Pour contrer la stratégie iranienne, Israël joue habilement la carte russe. Bien que partenaires en Syrie, Iran et Russie se livrent une véritable compétition à tous points de

---

20 Mine utilisée essentiellement par des nageurs de combat. Ce type de mine est aimanté. Son utilisation la plus marquante fut certainement lors de l'attentat du *Raimbow Warrior* en 1985 lorsque les services secrets français firent exploser un navire de Greenpeace en Nouvelle-Zélande.

vue pour être celui qui contrôlera le plus de territoires en Syrie ou qui aura la plus grande influence auprès du clan al-Assad. Israël le sait et appuie donc sur ces tensions entre partenaires pour mener à bien sa stratégie. Diviser pour mieux régner. Israël et la Russie ont de bonnes relations diplomatiques. Israël a su habilement faire comprendre à la Russie que l'avenir de leurs relations diplomatiques dépendait de la situation au sud de la Syrie. Ainsi, Tel-Aviv a obtenu de Moscou que les combattants de la Légion iranienne quittent leurs positions dans le sud de la Syrie. Il s'agit d'une grande victoire pour Tel-Aviv. Téhéran dut obéir à Moscou.

Cette relation particulière entre la Russie et Israël est maintenue dans la guerre opposant la Russie à l'Ukraine. En effet, en octobre 2022, Israël se refuse à livrer tout armement aux forces ukrainiennes.

Ainsi, les deux pays se livrent une véritable guerre sans pitié mais d'assez basse intensité. Le nombre de frappes israéliennes en Syrie est impressionnant. Durant l'année 2018, plus de 2000 frappes ont ainsi été effectuées tandis qu'un peu plus de 500 l'ont été en 2020. Cependant, les deux pays connaissent les limites à ne pas franchir pour ne pas franchir un seuil de riposte non désiré.

Iran-Arabie saoudite : une opposition régionale marquée

L'Iran et l'Arabie saoudite constituent les deux puissances régionales du Moyen-Orient par excellence qui tentent d'imposer leur vision au reste de la région. Ces deux puissances compétitrices peuvent compter sur deux blocs différents. Le bloc sunnite dirigé par Riyad et le bloc chiite dirigé par Téhéran. Une concurrence féroce prend place entre ces derniers surtout depuis la guerre syrienne de 2011. L'Iran et l'Arabie saoudite, et leurs alliés, s'affrontent donc partout où cela est possible. La Syrie constitue donc un terrain idéal pour tenter d'étendre son influence ou de limiter celle de son adversaire. Ainsi, ils soutiennent deux blocs syriens opposés. Le premier soutient le régime légal de Damas tandis que la seconde soutient les rebelles à ce dernier voire des rebelles extrémistes. En ce qui concerne la stratégie de l'Iran en Syrie, cela a été mentionné dans les chapitres précédents. Téhéran mobilise des milices chiites lui obéissant en Syrie pour prendre le contrôle du pays. L'objectif de Riyad est également de faire basculer Damas dans son orbite en soutenant l'islam politique sunnite partout où cela est possible.

L'Arabie saoudite épaula financièrement et militairement les rebelles syriens modérés de l'ASL. Le royaume fournit en 2012 des armes antichars sans recul de type M60 et M79 achetées à la Croatie et livrées aux rebelles via la Jordanie. Les armées du royaume participèrent également à l'opération secrète américaine de la CIA *Timber Sycamore* visant à former les rebelles syriens. L'Arabie saoudite soutient aussi certains groupes plus extrémistes prônant un islam plus radical comme l'Armée de l'Islam, *Jaish al-Fatah* (Armée de conquête) et *Ahrar al-Sham*. Ce soutien à ces groupes peu recommandables est justifié par le sentiment d'encerclement chiite du royaume dans la région. L'objectif premier de Riyad est de faire tomber Bachar al-Assad au profit de quelqu'un plus pro-saoudien et surtout anti-iranien. Ce basculement permettrait au royaume saoudien de renforcer sa position, son idéologie et sa doctrine au Moyen-Orient. Le soutien militaire saoudien s'est accru après l'intervention militaire russe en Syrie.

L'ouverture d'un front au sud des frontières du royaume saoudien, au Yémen, permit à Téhéran d'occuper les Saoudiens sur deux fronts et de les en faire prioriser un unique : ce fut le front yéménite qui accapara toute l'attention de Riyad. L'Iran put alors se concentrer sans trop de difficultés sur le front syrien, vital pour son régime et sa politique régionale. L'Arabie saoudite regardant vers le Yémen et étant enlisée depuis 2015.

EN BREF

L'Iran s'est attiré les foudres des États occidentaux et de leurs alliés au Moyen-Orient. L'Arabie saoudite et Israël sont déterminés, au même titre que les États-Unis, à limiter drastiquement l'influence de l'Iran dans la région et plus particulièrement en Syrie.

Les États-Unis se montrent fortement hostiles à l'Iran depuis la Révolution islamique de 1979 et l'intervention iranienne en Syrie n'échappe pas à cette hostilité. Ils ont pu la mettre relativement de côté lorsqu'ils ont dû affronter un ennemi commun : *Daesh*. Une fois vaincu, l'hostilité reprit entre les deux puissances rivales. Washington adopte une stratégie de pression maximale contre Téhéran en multipliant les frappes sur les troupes de la Légion iranienne en Syrie.

Une guerre fantôme existe depuis une dizaine d'années entre l'Iran et Israël et la Syrie est au centre de celle-ci. Chacun de ces derniers connaît le niveau de riposte de l'autre et tente alors d'effectuer des opérations plus ou moins clandestines sous le seuil de riposte adverse mais suffisamment puissantes ou destructrices pour affaiblir son adversaire. Pour le moment, il semblerait que ce soit Israël qui bénéficie d'un avantage tactique et technologique sur l'Iran.

Avec l'Arabie saoudite, il s'agit davantage d'une forme de guerre froide entre les deux pays. Chacun avançant dans la région pour devenir le leader de la région et s'affrontant avec le second par guerre interposée dont la Syrie est un de ces théâtres.

CHAPITRE 9

Les efforts internationaux de l'Iran pour la paix en Syrie

> « *Na sharqi, na gharbi, Djomhouriy-e eslami* »
> Devise formulée par l'ayatollah Khomeiny après la Révolution islamique de 1979 signifiant « *ni ouest, ni est, Révolution islamique* ».

L'Iran multiplie ses efforts internationaux afin de montrer que le bloc loyaliste est légitime en Syrie. L'Iran accentue ses efforts sur la scène internationale pour participer à des conférences internationales.

L'Iran et les conférences internationales sous l'égide de l'ONU sur la Syrie

L'Iran est partie prenante à tous les accords et conférences internationales en lien avec la guerre civile syrienne. L'Iran est un allié de poids pour Damas et l'Iran assume ce rôle pleinement. Ainsi, l'Iran participa dès les premiers mois de la guerre en Syrie au plan Annan et aux négociations de Genève.

Le plan Annan, du nom de l'ancien secrétaire général des Nations unies Kofi Annan, est la première tentative de résolution onusienne du conflit syrien dès le mois de mars 2012. Ce plan revêt six axes :

- ***Dialogue politique*** : mettre en place un « processus politique ouvert, dirigé par les Syriens » pour répondre aux préoccupations légitimes de la population et désigner un « interlocuteur » disposant des pouvoirs nécessaires lorsque l'envoyé en fera la demande.
- ***Fin de la violence*** : cesser les combats et assurer de toute urgence, sous la supervision de l'ONU, un arrêt effectif de toutes les formes de violence armée par toutes les parties.
- ***Aide humanitaire*** : assurer l'acheminement de l'aide humanitaire « en temps voulu » dans toutes les zones touchées par les combats et, à cet effet, approuver et mettre en œuvre, à titre immédiat, une « pause humanitaire quotidienne de deux heures ». Coordonner l'heure et les modalités exactes de cette pause dans le cadre d'un mécanisme efficace, y compris au niveau local.
- ***Fin des détentions arbitraires*** : accélérer et multiplier les mesures d'élargissement de personnes arbitrairement détenues, ainsi que communiquer sans tarder une liste de tous les lieux où ces personnes sont détenues et prendre immédiatement des dispositions en vue d'assurer l'accès à ces lieux.
- ***Liberté pour les journalistes*** : assurer aux journalistes la liberté de circulation dans tout le pays et mettre en place une politique de visas non discriminatoire à leur égard.

- **Liberté pour les Syriens** : respecter la liberté d'association et le droit de manifester pacifiquement.

Ce plan bénéficia du soutien unanime du CSNU dès le 21 mars 2012 et le Conseil avait appelé la Syrie à appliquer ces exigences. Le plan est accepté la semaine suivante par le pouvoir central de Damas. De son côté, l'Iran annonça soutenir sans réserve ce plan le 10 juillet 2012. Le ministre iranien des Affaires étrangères Ali Akbar Salehi, a déclaré ceci après la visite à Téhéran de Kofi Annan : «*Nous attendons de M. Annan qu'il mène son action jusqu'au bout pour ramener la stabilité et le calme en Syrie et dans la région*»[1]. Malheureusement, cette première initiative de résolution internationale du conflit syrien se solda par un échec dès le mois suivant. Pour Téhéran, les fautifs sont tout désignés. L'Occident a la responsabilité de cet échec étant donné que ces derniers ont accentué leur soutien et leurs livraisons d'armement aux groupes syriens luttant contre Bachar al-Assad, considérés comme «terroristes»[2] par la Russie, l'Iran et la Syrie.

Le 30 juin 2012 fut conclu l'accord dit de «Genève I» qui réunissait alors le Groupe d'action de la Syrie composé des Nations unies, de la Ligue arabe, de la Chine, de la France, de la Russie, du Royaume-Uni, des États-Unis, de la Turquie,

---

1 « Syrie : Téhéran réitère son soutien au plan Annan », sur *Le Monde* [En ligne], publié le 10 juillet 2012.
2 Les guillemets sont ici de mise. En effet, en 2012, la seule véritable opposition au régime de Bachar al-Assad était constituée de rebelles dits modérés ou laïcs, rattachés à l'Armée Syrienne Libre. Les véritables terroristes provenant des groupes *al-Qaïda*, *al-Nosra* et *Daesh* viendront en Syrie les années suivantes. Mais pour Damas, Moscou et Téhéran, il n'y a pas de distinction à faire : tous les opposants à Bachar al-Assad sont des terroristes et doivent être traités comme tels.

de l'Irak, du Koweït, du Qatar et de l'Union européenne. Cet accord entend mettre en œuvre l'instauration d'une instance de gouvernement transitoire en Syrie. En mai 2013, Américains et Russes conviennent de la tenue d'une nouvelle conférence internationale, dite de « Genève II ». La question de la participation de l'Iran à ces négociations est posée. Ban Ki Moon est favorable à ce que l'Iran y participe mais ce n'est pas le cas de l'opposition syrienne et des Occidentaux qui réclament que l'Iran signe l'accord trouvé à la première conférence pour pouvoir y participer. Cette nouvelle conférence se déroula le 22 janvier 2014 sans la présence de représentants iraniens, invités puis décommandés. Il est tout à fait compréhensible sur la forme que l'Iran ne veuille pas ratifier un accord dont il a été tenu éloigné de ses négociations. L'Iran a été honnête sur ce point dès le début. Par la voix de son ministre des Affaires étrangères, l'Iran avait déclaré vouloir y participer sans préconditions.

Cette exclusion de l'Iran par les Occidentaux dans le dossier syrien conduira Téhéran à se rapprocher des autocraties russe et turque pour tenter de trouver une solution à la guerre en Syrie.

**L'Iran et les conférences régionales de paix excluant l'ONU :
le symbole d'un axe Moscou-Téhéran-Ankara ?**

L'ONU est considérée comme étant inefficace pour résoudre la crise syrienne et est régulièrement accusée d'être à la solde des Occidentaux. Trois Etats, un trio infernal selon Pascal Boniface, tous parties prenantes dans le conflit syrien, Turquie, Russie et Iran, se sont alors unis pour saper les diverses missions de l'ONU en faveur de la paix en Syrie.

Au cours de différentes conférences de paix, ils ont tenté une médiation plus ou moins efficace dans le dossier syrien. Ainsi, les initiatives régionales impulsées par ces trois États court-circuitèrent l'ONU.

L'Iran fit un retour fracassant dans sa volonté de résoudre le conflit syrien grâce au processus d'Astana, ancien nom de la capitale du Kazakhstan. Ce dernier regroupe diverses rencontres entre les différents acteurs de la guerre civile de Syrie à partir de la fin de l'année 2016. L'Iran montre ainsi qu'il n'est pas isolé sur les scènes régionale et internationale.

Ce processus est animé par la Russie, la Turquie et l'Iran. Un accord a été signé en mai 2017.

L'Iran était représenté par le vice-ministre des Affaires étrangères Hossein Jaberi-Ansari. ©Fars.ir

L'objectif affiché était de parvenir à une désescalade et de mettre en place de zones de cessez-le-feu à Damas, Deraa, Rastane et Idleb sous la responsabilité de l'un des trois garants de cet accord. Par exemple, la Turquie hérita de la zone d'Idleb. Cependant, la République arabe de Syrie et l'opposition syrienne n'ont pas signé cet accord, la légitimité d'un tel acte sans la signature des deux principaux protagonistes peut poser question.

Le fait que l'Iran ait accepté une telle conférence indique son souhait d'asseoir le contrôle des chiites dans la région et de contrôler, de limiter les intentions turques en Syrie. L'Iran avait la juste impression de se sentir marginalisé au profit des Turcs dans la région par les Russes.

La question sera étudiée par la suite, mais le fait que ces trois pays aux intérêts divergents en Syrie signent un tel accord démontre leur volonté de ne pas aggraver encore plus leurs désaccords éventuels sur le dossier syrien. Pourtant les désaccords entre participants ne manquèrent pas notamment lors de la déclaration finale du processus d'Astana. L'Iran s'opposa catégoriquement à toute référence des résolutions du CSNU concernant l'aide humanitaire et la transition pacifique politique en Syrie.

Le processus d'Astana I de janvier 2017 est régulièrement considéré comme un échec des parrains de la Syrie et de la Turquie. Il s'agit d'un échec cuisant pour les diplomaties russe, iranienne et turque car tout d'abord les principaux camps concernés (régime syrien et opposition syrienne) par la résolution du conflit syrien n'ont pas été invités. Ensuite, la déclaration finale de ce qui est communément décrit comme «Astana I» est curieuse. Aucun cessez-le-feu n'a pu être entériné mais cette dernière évoqua «*la mise en place d'un mécanisme pour surveiller et s'assurer de la complète mise en œuvre du cessez-le-feu et éviter toute provocation*»[3]. Cette entente permet également de bénéficier d'une voix alternative

---
3   FELLOUS Gérard, *La Syrie : un conflit asymétrique dévastateur*, Paris, Editions L'Harmattan, 2020, page 502.

à l'ONU, jugée impuissante dans la guerre civile syrienne. L'ONU a donc été intelligemment court-circuitée par les participants autocratiques de ce processus. En juillet 2017, pour la première fois, l'envoyé spécial pour l'ONU estima qu'il fallait laisser sa chance au processus d'Astana. Selon lui, ce dernier avait «*pour objectif commun de mettre en œuvre les résolutions du Conseil de sécurité (…)*»[4]. Une voix et une position bien solitaires.

L'accord de Sotchi vient prolonger celui d'Astana mais rentre toujours dans son cadre. Il comporte dix points parmi lesquels la Turquie voit l'autorisation d'accroître sa présence militaire en Syrie, la tenue de patrouilles conjointes dans les zones de sécurité de militaires turcs et russes et la Syrie devra assurer la sécurité des zones environnantes de sécurité. Cet accord est également signé par les garants du processus d'Astana : la Russie, l'Iran et la Turquie. Mais les garants affichent une solidarité uniquement de façade. L'Iran voit en effet d'un mauvais œil la quasi-annexion des zones qu'elle contrôle dans le nord de la Syrie. L'Iran mit en garde également les Russes et les Turcs contre tout assaut sur la poche d'Idleb, contrôlée par les rebelles plus radicaux et avait averti son allié syrien que l'armée iranienne ne participerait pas à une potentielle offensive sur Idleb, prenant en considération une situation humanitaire qui serait catastrophique. La principale avancée majeure de cet accord est le fait que les signataires de cet accord souhaitent réunir l'opposition démocratique syrienne et le régime pour sortir le pays de la crise. Sous l'impulsion de la Russie, un «Congrès de dialogue

....
4   FELLOUS Gérard, *La Syrie : un conflit asymétrique dévastateur*, *op.cit*., page 522.

national » entre les rebelles et le pouvoir central de Damas devrait se tenir en Russie. L'objectif de ce Congrès serait alors de ratifier une nouvelle Constitution pour la Syrie et d'organiser de nouvelles élections sous la supervision des Nations unies. Le régime de Damas est favorable à la tenue d'un tel dialogue contrairement aux rebelles syriens qui, eux, préfèrent passer directement par l'ONU et les accords de Genève. Le président de la Fédération de Russie, Vladimir Poutine, a résumé la teneur de l'accord de Sotchi avec ce communiqué de presse : « *Le président iranien et le président turc soutiennent l'initiative d'un « Congrès du dialogue national syrien ». Nous avons décidé d'organiser cet événement, ici à Sotchi, avec la participation des représentants de toute la société syrienne. Les ministères des Affaires étrangères de nos trois pays devront définir la composition et les dates du Congrès, qui aura lieu ici, à Sotchi. L'objectif sera de réunir à la table des négociations les délégués des différents partis politiques syriens. En incluant l'opposition intérieure et extérieure, et les représentants des groupes ethniques et confessionnels. Le Congrès étudiera la nouvelle constitution, et l'organisation d'élections sous l'égide des Nations Unies. Ce qui pourra donner une nouvelle impulsion au processus de Genève. Je dis encore une fois : c'est aux Syriens eux-mêmes de décider de l'avenir de leur pays. Qu'il s'agisse des membres du pouvoir actuels, ou de l'opposition.* »

Le ministre des Affaires étrangères iranien, Mohammad Javad Zarif, indiquait sur *Twitter* ceci : « *Quelques semaines d'efforts intensifs d'une diplomatie responsable (...) permettent d'éviter la guerre à Idleb et d'obtenir un engagement ferme à combattre le terrorisme extrémiste* ». L'Iran entend également peser dans le dossier syrien. Il a invité ses homologues garants des accords d'Astana et de Sotchi à se rendre en Iran en septembre 2018.

Après le sommet de Sotchi, les partenaires turcs, russes et iraniens se sont rencontrés une nouvelle fois le 4 avril 2018 à Ankara. Le thème de ce sommet était de faire un point sur les évolutions en Syrie après l'accord de Sotchi de novembre 2017. Les trois dirigeants concernés ont vanté le mérite du processus d'Astana, qui selon la déclaration finale de ce sommet, est *« la seule initiative internationale, qui a pour but de favoriser la recherche de paix et de stabilité en Syrie, et qui peut relancer les pourparlers de Genève, dont le but est de réduire les affrontements et de pousser les parties à trouver une solution politique durable en Syrie »*. Ils ont également *« renouvelé leur attachement à la souveraineté, l'indépendance, l'unité territoriale et la particularité de la Syrie à ne pas se baser sur les particularités d'une seule composante de sa société »*. Il est également décidé que le prochain sommet se déroulera à Téhéran.

Un autre sommet eut lieu le 7 septembre 2018 dans la capitale iranienne quelques heures avant que les États-Unis ne convoquent une réunion du CSNU au sujet de la Syrie et plus particulièrement d'Idleb. En effet, le régime syrien avait massé des troupes importantes aux limites de la zone de sécurité d'Idleb, dernière poche des djihadistes. Une offensive laisserait craindre un sort humanitaire désastreux. L'Iran avait déjà annoncé à son allié syrien qu'il ne participerait pas à une telle offensive. Après la tenue de ce sommet, chacun des trois dirigeants échangea lors de rencontres bilatérales. Les précédents rendez-vous diplomatiques ont pu être considérés comme un certain succès, dans la mesure où ils sont venus supplanter une ONU impuissante et impotente mais le sommet de Téhéran de 2018 est moins réussi. Il l'est moins car les divergences entre les trois pays participants ont éclaté au grand jour, presque en direct à la télévision.

Presque un an plus tard, les dirigeants turcs, russes et iraniens se sont donnés rendez-vous une nouvelle fois pour un cinquième sommet, cette fois-ci dans la capitale turque, Ankara, le 16 septembre 2019. L'objectif de ce nouveau sommet était, selon la présidence turque, d'étudier « *les développements en Syrie, à Idleb en particulier, mais aussi les démarches à faire conjointement dans la période à venir pour la cessation du climat de conflit, la mise en œuvre des conditions nécessaires pour le retour volontaire des réfugiés et l'instauration d'une solution politique* ». Ces derniers ont convenu « *de prendre des mesures concrètes, sur la base des précédents accords, pour assurer la protection de la population civile* ». Le sort d'Idleb préoccupait encore ces dirigeants, notamment en cas d'offensive de l'armée syrienne. De son côté, Vladimir Poutine a déclaré que cette « *rencontre a été très productive et s'est soldée par un succès* ».

La septième et dernière rencontre entre les trois principales puissances enracinées en Syrie que sont la Turquie, la Russie et l'Iran s'est tenue à Téhéran au début du mois de juillet 2022 dans un contexte assez tendu. D'une part, la Turquie menace depuis des mois d'intervenir militairement dans le nord de la Syrie contre les « terroristes kurdes menaçant l'intégrité territoriale de la Turquie » alors que l'Iran et la Russie (ainsi que la Syrie) y sont fortement opposés et d'autre part le conflit ukrainien s'éternisant où la Turquie, pays membre de l'OTAN, tente de s'afficher comme médiatrice du conflit. De cette rencontre et des réunions bilatérales qui s'y sont tenues, il ressort que l'offensive turque annoncée dans le nord de la

Syrie n'a pas eu le soutien attendu des deux parrains de la Syrie mais la coopération économique et militaire entre la Russie et l'Iran s'est accrue. La Russie et l'Iran partagent le point commun d'être sous le coup de sanctions occidentales et le pouvoir russe pourrait également profiter de l'expérience iranienne en la matière pour tenter de se défaire des sanctions occidentales à son égard.

Pour répondre à la question posée en titre, il n'existe pas pour l'heure d'axe Moscou-Téhéran-Ankara. Il n'existe pas étant donné les agendas trop différents et divergents entre ces trois États. Ces trois autocraties se méfient terriblement l'une de l'autre. Par exemple, Moscou est opposé au programme nucléaire iranien et a participé à quelques sanctions contre l'Iran. Ankara et Moscou ont des relations souvent tendues à propos de la Syrie mais depuis peu à propos de l'Ukraine. Téhéran et Ankara se disputent le leadership au Moyen-Orient et soutiennent des camps opposés en Syrie. Si on peut parler d'un axe au sens littéral du terme comme le fut l'axe Berlin-Rome-Tokyo durant la Seconde Guerre mondiale, il s'agit d'une extrapolation pour le cas présent. Cependant, il peut tout à fait s'agir d'une entente partielle à un moment bien défini concernant un sujet déterminé.

EN BREF

L'ONU s'avéra être considérablement paralysée dans la gestion du dossier syrien notamment à cause des vétos réguliers de la Russie et de la Chine au Conseil de sécurité des Nations unies. Les trois puissances régionales impliquées dans le conflit syrien que sont la Russie, la Turquie et l'Iran, trois autocraties voire dictatures, profitèrent alors du chaos onusien pour s'imposer comme étant celles qui imposeront la paix en Syrie. L'ONU est ainsi supplantée au grand dam des Occidentaux dans le règlement du conflit syrien. Ainsi, Moscou, Ankara et Téhéran organisèrent d'importants sommets internationaux concernant le règlement du conflit syrien.

CHAPITRE 10

Les conséquences multiples du soutien iranien à la Syrie

« La Syrie sort progressivement d'une période de crise pour entrer dans une phase de reconstruction ».
Amir Hatami, ancien ministre iranien de la Défense, 26 août 2018.

L'Iran et le camp loyaliste avec ses alliés du *Hezbollah* et de la Russie sont les grands vainqueurs militaires de la guerre civile syrienne au prix de lourdes pertes. Désormais, la victoire militaire étant quasiment acquise pour ce camp, il est nécessaire de consolider ces avancées vers les domaines politique, économique et culturel. Pour cela, il faut maintenir voire accentuer son influence en Syrie et profiter de la faiblesse de son allié, voire obligé, syrien. Cette influence passe par la constitution d'une véritable politique syrienne de l'Iran. Cependant, l'Iran est concurrencé à une grande échelle par le partenaire russe et les États arabes voisins de la Syrie, qui désirent, eux aussi, s'emparer du marché syrien.

L'émergence d'une véritable politique syrienne de l'Iran

L'Iran s'appuie sur le modèle et l'expérience du *Hezbollah* pour réfléchir à l'avenir de la Syrie après la guerre civile. Il sait très bien que l'appui militaire ne suffit pas. En effet, le *Hezbollah* libanais est devenu très influent au Liban en constituant des relais économiques, culturels et financiers. Dès lors, l'Iran articule sa stratégie syrienne en trois points : déplacer les populations syriennes sunnites de territoires essentiels à sa stratégie, étendre son influence vers le sud du pays, accroître son influence culturelle dans le pays, créer une milicialisation du pays sur le modèle irakien.

La sécurisation de la capitale syrienne et de sa proche banlieue est une priorité pour Téhéran notamment la zone du célèbre sanctuaire chiite de Sayyida Zaynab. Pour pouvoir sécuriser au mieux cette zone, Téhéran chasse alors de cette zone les Syriens de confession sunnite pour les remplacer par des habitants qui s'avèrent être largement favorables au pouvoir central de Damas et/ou à Téhéran. Afin de pouvoir mener tous ces déplacements forcés de ressortissants syriens, sous l'influence grandissante de Téhéran, le pouvoir central syrien dut promulguer une loi en avril 2019 pour pouvoir obtenir une base légale. Cette loi donna 30 jours aux propriétaires fonciers syriens pour trouver un administrateur du régime local et déposer une demande de propriété en personne. Ce sont le *Hezbollah* libanais et le CGRI qui achetèrent ces propriétés. Il est fait état d'un peu plus de 8000 propriétés qui ont ainsi été achetées par des propriétaires chiites.

L'expropriation de Syriens de confession sunnite ne suffisant pas, l'Iran transforma également les mosquées sunnites en centres religieux chiites. De nouvelles mosquées et écoles chiites sont également construites. Bachar al-Assad tenta de s'opposer à ces décisions similaires prises dans les zones sous contrôle russe mais n'y est pas parvenu pour les zones d'influence iranienne en Syrie.

La périphérie de Damas et la capitale syrienne étant sécurisées, l'Iran se lança alors dans une extension de cette zone pacifiée. La zone frontalière de l'Irak est vitale pour la stratégie iranienne au Moyen-Orient, notamment pour pouvoir approvisionner ses forces en Syrie mais également ravitailler le *Hezbollah* au Liban. Des mouvements de population, comme dans la région de Damas, profitèrent à Téhéran. En effet, différents camps militaires iraniens ont été construits dans cette zone de la Syrie, notamment dans la province clé de Deraa, berceau de la contestation. Le *Hezbollah* suit et applique sa propre stratégie libanaise dans cette zone en construisant centres religieux et écoles religieuses chiites. L'Iran a recruté également de jeunes Syriens sunnites sans emploi avec une solde dérisoire de plusieurs centaines de dollars par mois afin de rejoindre les milices armées pour combattre dans le nord du pays. Il s'avère que ces jeunes préfèrent être enrôlés sous la bannière de l'Iran plutôt que d'être appelés pour effectuer leur service militaire obligatoire dans l'armée syrienne. Cela pose donc un problème sérieux et évident de souveraineté pour la nouvelle Syrie de Bachar al-Assad. À l'est du pays, Téhéran s'appuie sur les différentes tribus locales de la région de Deir ez-Zor pour accentuer son influence dans cette zone. Pour cela, l'Iran a acheté la loyauté de ces tribus locales et s'est appuyé sur une tribu sunnite ayant des liens avec lui, les *al-Baggara*, afin de pouvoir créer écoles et centres religieux.

Le troisième objectif de l'Iran en Syrie est de favoriser sa langue et plus globalement sa culture en Syrie. Pour cela, l'Iran peut compter sur le régime de Bachar al-Assad. En effet, il a pris la décision d'ouvrir plusieurs départements de langue farsi dans diverses universités du pays (Damas, Homs, Lattaquié). Les étudiants syriens sont fortement incités à suivre ces enseignements : les étudiants ne sont pas tenus de s'inscrire à des programmes menant à un diplôme complet pour y assister, les jeunes n'ayant pas atteint l'âge universitaire sont éligibles, les frais universitaires réguliers peuvent ne pas s'appliquer, et les cours comprennent des voyages en Iran. Au-delà de l'échelon universitaire, l'Iran a ouvert des écoles et collèges iraniens à Damas, Hama et Deir ez-Zor où les écoliers et collégiens peuvent avoir des facilités financières s'ils étudient dans ces lieux.

De plus, l'Iran a une solide expérience dans la création, le contrôle, l'influence, l'armement de milices dans la région. La première d'entre-elles fut le *Hezbollah* libanais. Ensuite, à plus grande échelle, l'Iran fit la même chose en Irak après l'invasion américaine du pays. Ces milices servent l'Iran pour asseoir sa suprématie dans la région notamment en déstabilisant un pays, en orchestrant des opérations spéciales pour le compte de l'Iran ou en devenant de véritables relais politico-militaires de l'Iran dans le pays hôte. Cependant, l'Iran dut adapter sa stratégie milicienne en Syrie étant donné les frappes israéliennes sur celles-ci de plus en plus précises. Désormais, l'Iran combine habilement les forces locales syriennes et les milices qu'elle commande afin de rendre plus discrètes ses opérations en Syrie. En Syrie, ce sont surtout les tribus syriennes vivant à l'est du pays qui ont été pénétrées par les forces iraniennes. L'est de la Syrie est vital à bien des titres pour l'Iran. C'est ici que se trouvent les différents champs d'hydrocarbures syriens mais c'est également là que se tenait la tristement célèbre capitale de l'État islamique : Raqqa. L'objectif de Téhéran est de contrôler ces zones économiques importantes pour que Damas puisse contourner allégrement les sanctions internationales à son égard. Pour le moment, ces territoires sont contrôlés par les FDS et ceux-ci vendent les hydrocarbures au gouvernement de Damas ! Ainsi, l'Iran arme, entraîne et finance ces différentes milices de l'est syrien. Par exemple, les Iraniens ont créé la milice *al-Magawir* et son chef, Mohammed al-Fares a exprimé publiquement ses remerciements à l'égard de Téhéran d'avoir créé une telle milice. Cette dernière a participé à la protection de la ville de Qamishli contre *Daesh* en 2015. Désormais, l'objectif assigné à cette milice est de contrebalancer le PYD, les Kurdes syriens, présents également dans ce territoire. À Raqqa, une autre milice fut créée par les Iraniens. Il s'agit des Combattants des tribus, dirigés par le cheikh Turki al-Buhamed. Elle est forte d'environ 800 combattants et elle a participé à de nombreuses offensives contre les terroristes de *Daesh* dans le désert syrien.

L'Iran sait comment rendre attractives les milices qu'il met en place et qui détournent la jeunesse syrienne de l'armée nationale. Ainsi, la solde d'un milicien syrien à la solde de Téhéran s'élève à 27 000 livres syriennes, quasiment le double d'une solde de l'armée syrienne. De plus, selon un témoignage du *Washington Post* publié dans *Courrier International*, certains jeunes miliciens ne sont d'astreinte que pour quelques jours alors que la durée s'élève à deux mois dans l'armée syrienne. De plus, certaines milices à la solde de l'Iran bénéficient de paniers alimentaires. Fort de son expérience milicienne en Irak, l'Iran joue cette carte sans détour. Il tisse des liens forts avec les différents représentants et chefs de tribus syriens. Ces derniers sont régulièrement invités à se rendre en Iran tout cela en étant couverts par les médias iraniens et syriens qui font le déplacement. L'Iran invita même les chefs de tribus s'étant exilés au début du conflit à revenir dans le pays avec la promesse que Damas les amnistie. Ainsi, le cheikh Nawaf al-Bashi, de la tribu des *Baggara*, y est retourné et travaille maintenant dans le recrutement de combattants pour cette milice.

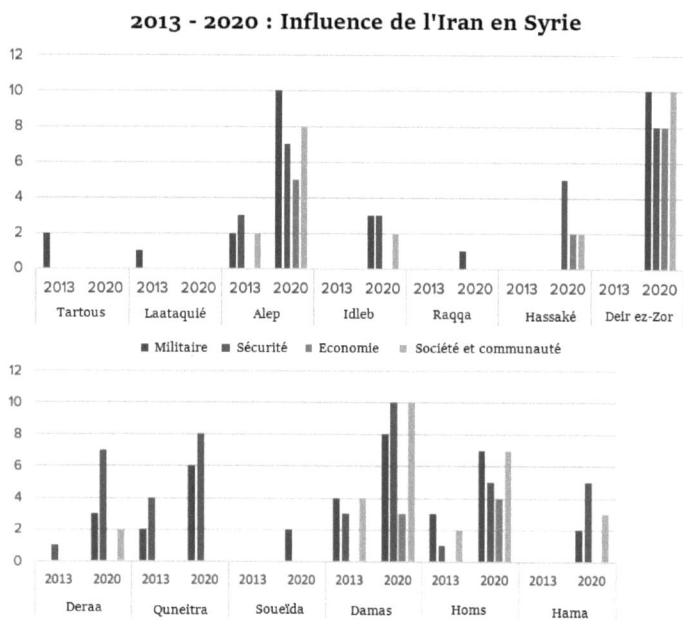

Tableau présentant le nombre de sites où l'Iran est présent en Syrie © Atlantic Council. Donnees Navvar Saban. Traduction personnelle en français.

La pénétration de tout le territoire syrien par l'Iran

Depuis que l'Iran est intervenu en Syrie en 2011, il a organisé le maintien de ses forces de telle sorte qu'elles couvrent tous les axes stratégiques de la Syrie et couvrent également tout le territoire syrien. Ainsi, les forces iraniennes sont déployées pour surveiller l'autoroute Bagdad-Damas, route essentielle pour l'approvisionnement des forces iraniennes en Syrie et pour le *Hezbollah* au Liban. Les zones frontalières sont également contrôlées et surveillées activement. C'est le cas des frontières turques, jordaniennes, libanaises, irakiennes et israéliennes.

À travers les cartes et les données qui vont suivre, le lecteur pourra se rendre compte de l'imposant dispositif iranien en Syrie et surtout de sa proximité géographique avec l'État d'Israël.

Zone nord

1. Camp d'entraînement Handarat de milices syriennes pro-Iran.
2. Présence de la milice afghane des Fatimides.
3. Centre conjoint de coopération entre CGRI et forces armées syriennes.
4. Présence de la force *al-Qods*.
5. Centre de fabrication et de stockage d'armes. Site déjà bombardé par l'aviation israélienne.
6. Usine de fabrication militaire.
7. Protection du port de Lattaquié par les forces iraniennes du CGRI.

8. Centres communs et une salle d'opérations entre la 190ᵉ unité des gardiens de la révolution iraniens et la 4ᵉ division de chars.
9. Dépôts d'armes du CGRI. Présence de lanceurs de missiles de courte et moyenne portée.
10. Lieu de rencontre entre dignitaires syriens et autorités militaires iraniennes.
11. Base iranienne de Rahbat Khatab.
12. Camp d'entraînement du CGRI.
13. 99ᵉ brigade, comprenant la division afghane des Fatimides.
14. Base Imam Sajjad de la Force *al-Qods* iranienne. Elle supervise la région centrale de Syrie (gouvernorats de Homs et Hama).
15. Laboratoires de fabrication de missiles et présence d'experts iraniens dans le domaine de la production de missiles.
16. Usine de fabrication de missiles.
17. Ecole commune entre le Hezbollah libanais et le CGRI.
18. Dépôt de stockage de missiles iraniens.
19. Stockage de l'armement du CGRI.
20. Stockage de l'armement du CGRI.
21. et 22. Bases iraniennes et un point de transit pour le transport de matériel militaire iranien.

Les conséquences multiples du soutien iranien à la Syrie

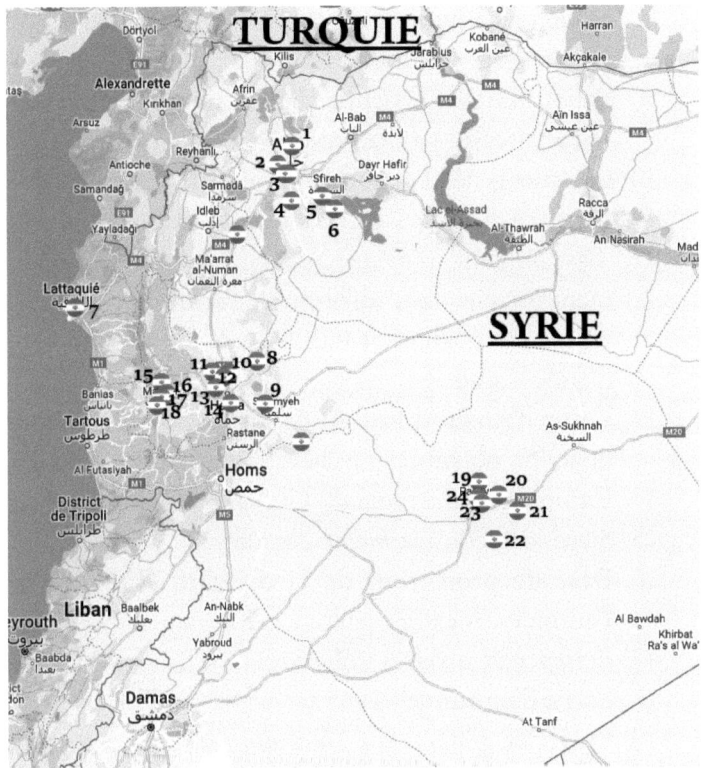

Carte et données © Iranwire

Zone Est
1. Camps de milices iraniennes.
2. Camps de milices iraniennes.
3. Camps de milices iraniennes.
4. Quartier général de la brigade *Abu Al-Fadl Al-Abbas*.
5. Tunnel de transport d'armes iraniennes initialement creusé par *Daesh*.
6. Présence du *Hezbollah* irakien.
7. Quartier général des Forces de Défense nationale.

8. Station radar utilisée par la milice chiite afghane pour surveiller les communications de la ville.
9. Police militaire syrienne chargée de la poursuite des réfractaires au service national.
10. Quartier général de la division afghane des Fatimides.
11. Présence de milices pro-Iran.
12. Base militaire iranienne *Station Two* (T2). Sont également présents la 11ᵉ division de l'armée syrienne, les *Hezbollah* libanais et irakien et le CGRI. Présence d'armes lourdes.
13. Camp d'Abou Al-Fadl Al-Abbas qui couvre une zone de 30 km notamment à cheval sur le territoire irakien.
14. Camp d'entraînement du CGRI.
15. Siège social du *Hezbollah* libanais.
16. Base de projection de la division afghane des Fatimides, encadrée par le CGRI.
17. Présence de diverses milices.
18. Sortie d'un tunnel.
19. Quartier général du *Hezbollah* irakien à Buqrus Tahtani en territoire irakien. Il abrite un centre de coordination militaire avec les milices chiites engagées en Syrie.

Les conséquences multiples du soutien iranien à la Syrie

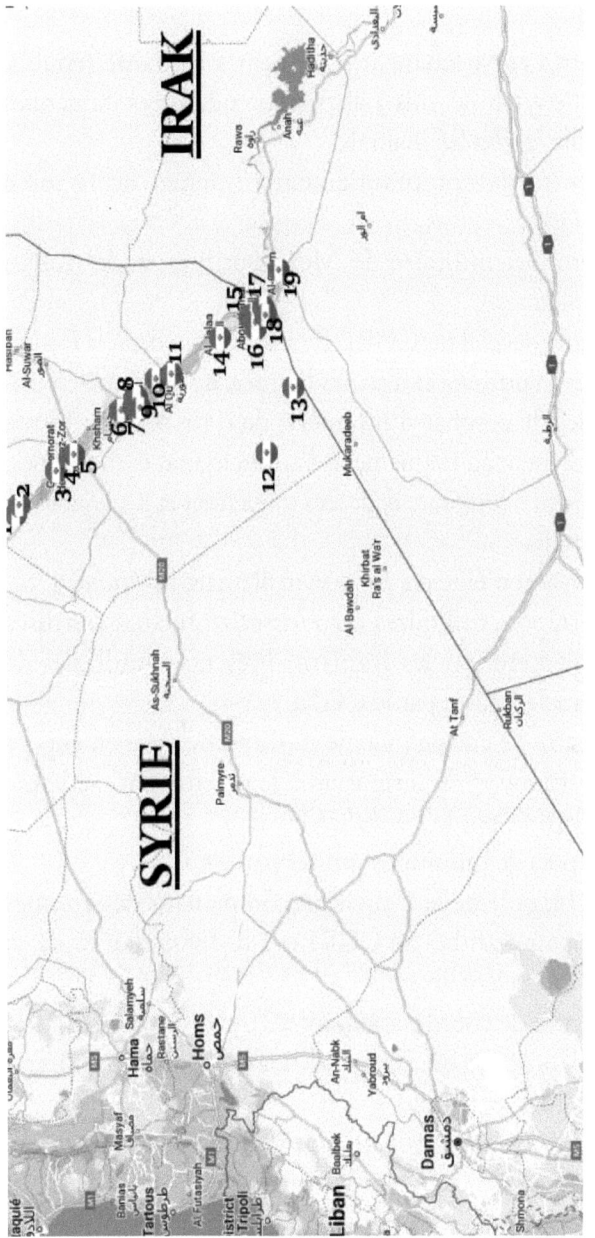

Carte et données © Iranwire

Zone Sud :
1. Camp appartenant initialement à la Garde républicaine syrienne, mis à disposition des forces iraniennes et du *Hezbollah* libanais.
2. Centre de commandement principal de la force *al-Qods*.
3. Aéroport militaire de Mezeh utilisé par les forces iraniennes.
4. Camp spécial du CGRI. Il est spécialisé dans la formation à l'utilisation d'armes lourdes, de chars et de véhicules de combat d'infanterie de type BMP et forme également au maniement d'armes légères et moyennes. Présence conjointe de forces iraniennes et du *Hezbollah* libanais.
5. Division d'élite du *Hezbollah* libanais, *al-Radwan*.
6. Entrepôts militaires du *Hezbollah* libanais, utilisés également par les Iraniens. Présences multiples de tunnels utilisés par le CGRI.
7. Centre de commandement, d'approvisionnement, de logistique et de formation à la défense anti-aérienne dispensée par le *Hezbollah* libanais.
8. Dépôts de munitions utilisés par le CGRI.
9. 91e brigade de la 1re division comprenant des groupes militaires affiliés au CGRI et à la division *al-Radwan* du *Hezbollah* libanais.
10. Centre de coordination entre l'unité 190 du CGRI et de l'unité 108 du *Hezbollah* libanais à l'Aéroport international de Damas.
11. 91e brigade de la 1re division de véhicules blindés comprenant des centres appartenant aux brigades irakiennes *al-Hadi*.

12. Centre de surveillance et de reconnaissance spécialisé.
13. Régiment du Golan affilié au CGRI.
14. Présence de miliciens du *Hezbollah* et du CGRI chargés d'opérer dans des missions de guerre électronique, de mener des opérations de reconnaissance et de brouillage.
15. Milices affiliées à l'Iran.
16. Milices affiliées à l'Iran.
17. Milices affiliées à l'Iran.
18. Site de surveillance du *Hezbollah* libanais.
19. Site de surveillance du *Hezbollah* libanais.
20. Milices affiliées à l'Iran.
21. Site de surveillance du *Hezbollah* libanais.
22. Site de surveillance du *Hezbollah* libanais.
23. Quartier général iranien appartenant à l'unité frontalière du *Hezbollah* libanais.
24. Site de défense anti-aérienne et de lancement de missiles du CGRI.
25. Bureaux administratifs servant aux échanges entre commandement syrien, du *Hezbollah* et du CGRI.
26. Centre d'entraînement du CGRI.
27. Présence du *Hezbollah* libanais.
28. Lieu de casernement de l'armée syrienne, utilisé également par le *Hezbollah* et le CGRI.
29. 79e brigade de défense aérienne de l'armée syrienne mise à disposition du CGRI.
30. 15e brigade de l'armée syrienne dirigée par le *Hezbollah* libanais.
31. Missiles sol-air de courte et moyenne portée appartenant au *Hezbollah* libanais.
32. Quartier général et centres des forces chiites 313.

33. 12ᵉ brigade de l'armée syrienne commandé par un officier iranien.
34. Poste militaire frontalier du *Hezbollah* libanais.
35. Agences de renseignement du *Hezbollah* libanais.
36. Association *al-Bustan* affiliée à l'Iran.
37. Régiment *al-Areen* 313 dirigé par un officier du CGRI.
38. Centre de drones au sein de l'aéroport militaire de Khalkhalah accompagné d'un centre de renseignement. Sa mission consiste à collecter du renseignement sur les frontières jordaniennes et israéliennes.
39. Présence de milices affiliées à Téhéran.
40. Position de la division afghane des Fatimides à l'aéroport d'*Al-Thalah*.
41. 127ᵉ brigade des forces spéciales syriennes commandée par un officier iranien du CGRI.

a. Tunnel du *Hezbollah*.
b. Route utilisée par le *Hezbollah* libanais pour atteindre la base de missiles située à l'ouest de la ville d'Al-Zabadani, protégée par l'armée syrienne.
c. Base de missiles du *Hezbollah*.
d. Route empruntée par le *Hezbollah*.
e. Route frontalière entre le Liban et la Syrie.
f. Poste militaire du *Hezbollah*
g. Poste militaire du *Hezbollah*
h. Poste militaire du *Hezbollah*.
i. Poste militaire du *Hezbollah*.
j. Poste militaire du *Hezbollah*.
k. Poste militaire du *Hezbollah*.
l. Lieu de positionnement de l'artillerie du *Hezbollah* et centres de commandement divers du *Hezbollah*.

m. Poste militaire du *Hezbollah*.
n. Poste militaire du *Hezbollah*.
o. Poste militaire du *Hezbollah*.

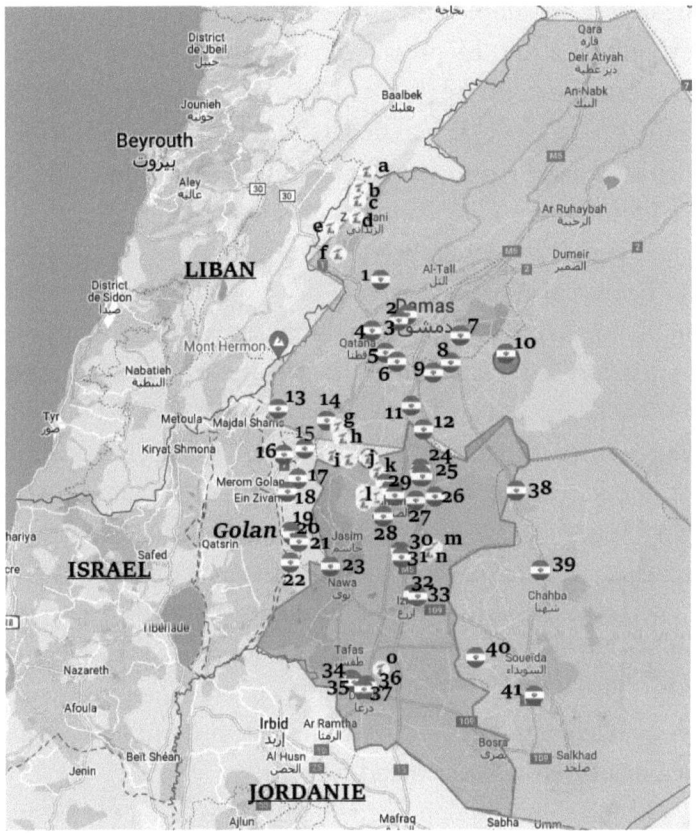

Carte et données © Iranwire

Le poids de la présence iranienne sur la Syrie

Depuis la victoire militaire sur les forces rebelles, l'Iran n'est plus un simple allié. Il est devenu très envahissant et est présent à tous les niveaux de la vie politique et sociétale syrienne. La présence de l'Iran est envahissante. Son partenaire syrien essaie de s'en défaire tant bien que mal surtout depuis que le voisin israélien accentue ses frappes sur le territoire syrien pour contrer l'installation à long terme de troupes pro- iraniennes en Syrie.

Bachar al-Assad avait tenté de se défaire de l'influence iranienne en Syrie avant la guerre civile syrienne. Il en a payé le prix fort (attentats iraniens et mesures d'intimidation) et a dû se raviser. La guerre civile ravageant le pays depuis 2011 l'a rendu encore plus dépendant vis-à-vis de Téhéran étant donné le soutien rapide et massif apporté à son pouvoir par l'Iran dès 2011. Les Iraniens ont été efficaces contre les rebelles modérés et les islamistes. Ils ont sauvé le pouvoir syrien et la dynastie al-Assad. Le clan al-Assad devient donc redevable vis-à-vis de l'Iran. Les deux parties le savent très bien. Désormais, le clan al-Assad a nettement moins besoin des services iraniens qui s'avèrent être pesants sur la politique régionale que la Syrie entend mener.

Le président syrien accueille donc avec bienveillance les propositions de reconstruction du pays et les différents accords économiques proposés par les partenaires davantage arabes. Il entend également réaffirmer la souveraineté de la Syrie, y compris vis-à-vis de l'allié iranien. Ainsi, selon les services secrets américains et saoudiens, il aurait fait expulser du pays le commandant local de la Force *al-Qods* des Gardiens de la Révolution iraniens, le général Mustafa Javed

Les conséquences multiples du soutien iranien à la Syrie

Jafari, en raison «*de son suractivisme à la frontière israélienne*» qui causerait en retour, des représailles de la part de l'armée israélienne en Syrie. Par exemple, Israël a frappé en décembre 2021 des installations portuaires de Lattaquié qui sont sous le contrôle de l'Iran, ainsi que des entrepôts contenant des armes iraniennes. La Syrie accepte voire tolère de moins en moins d'être une base arrière de l'Iran pour qu'il attaque le voisin israélien et d'en subir ses mesures de rétorsion.

Israël connaît la position dans laquelle se trouve Damas et entend bien en profiter. Mener des actions de représailles assez sévères lors d'actions hostiles de la part de l'Iran ou de ses *proxies* est un bon moyen pour amener le président al-Assad vers un recalibrage de son alliance avec l'Iran. L'objectif d'Israël est clair : Yossi Kuperwasser, ancien chef de la division de recherche du renseignement militaire de l'État hébreu les décrit : «*Nous voulons empêcher l'Iran de transformer la Syrie en une base iranienne proche d'Israël, ce qui pourrait apporter un changement stratégique radical dans la situation. C'est pourquoi nous continuons à pilonner les bases iraniennes afin qu'elles ne prennent pas le contrôle du pays*».

De plus, l'Iran s'est montré trop gourmand en Syrie. Ses forces ont avancé sans arrière-garde, sans défense anti-aérienne et furent trop prévisibles. C'était une cible de choix pour les excellents services secrets israéliens qui montèrent alors des opérations de bombardement de celles-ci. La volonté hégémonique de l'Iran en Syrie ne fait plus aucun doute pour personne mais cela dérange voire irrite fortement les partenaires syriens et russes. La souveraineté syrienne est piétinée à tous les niveaux en Syrie, cela a été mentionné plus haut. L'équilibre précaire qu'avait établi Hafez al-Assad, le père de

Bachar al-Assad, avec les Iraniens semble s'envoler. Le loup est entré dans la bergerie.

La Syrie, au début considérée comme le fer de lance de l'axe de la résistance, n'est plus que l'ombre d'elle-même. Elle est nettement affaiblie par la dizaine d'années de guerre. Cela profite donc à Téhéran mais Moscou voit d'un très mauvais œil cette pénétration massive de l'Iran en Syrie. Cela cause en effet des mesures de rétorsion de la part des Occidentaux et d'Israël qui n'hésitent pas à frapper à leur guise le territoire syrien où sont présents des militaires ou affiliés iraniens. Cela met également en porte-à-faux Damas vis-à-vis de Tel-Aviv qui aurait espéré une normalisation de leurs relations diplomatiques.

Ainsi, grâce aux pressions exercées par la Russie, Téhéran retira finalement ses milices des frontières israéliennes et de la banlieue de Damas. La Russie a également besoin d'entretenir de bons rapports avec Israël. Il s'agit de la principale raison qui a poussé Moscou à exercer de telles pressions sur Téhéran pour qu'il opère un redéploiement vers les frontières irakiennes par exemple.

L'accentuation de signatures d'accords militaires entre Damas, Moscou et Téhéran

La guerre en Syrie permit à l'Iran, à la Russie et à la Syrie de consolider leurs relations militaires. Ainsi, ces dernières sont triangulaires. Elles concernent à la fois Téhéran et Damas, Téhéran et Moscou mais également Moscou et Damas. Dans cette partie, nous allons davantage nous intéresser aux deux premières.

En ce qui concerne les relations militaires entre la Syrie et l'Iran, en août 2018, un accord de coopération a été signé à Damas. Cette visite du ministre iranien de la Défense, Amir Hatami, apparaît comme une provocation contre les Occidentaux en général et les États-Unis en particulier. En effet, les équipes gouvernementales de Donald Trump demandèrent le départ immédiat des troupes iraniennes de Syrie. Cet accord prévoit plus précisément de pérenniser la présence des Iraniens de la force *al-Qods* ainsi que des milices chiites à la solde de Téhéran. En outre, l'accord de 2018 prévoit un soutien à la base technologique et industrielle de défense de la Syrie. Un second accord fut signé le 8 juillet 2020. Celui-ci prévoit une aide déterminante de Téhéran pour renforcer la défense anti-aérienne de la Syrie. Le général Baqueri, chef du CGRI, déclara « *nous allons renforcer les systèmes de défense aérienne de la Syrie afin d'améliorer la coopération militaire entre les deux pays* » . La volonté de défier Washington est grande tant à Damas qu'à Téhéran. À la suite de cet accord, les deux pays ont exigé le départ immédiat des forces étrangères de Syrie, sous-entendu ici, les troupes de la coalition occidentale luttant contre *Daesh* depuis 2014. Cet accord vise, en outre, à renforcer les capacités de la défense aérienne syrienne qui s'est montrée particulièrement défaillante jusqu'en 2020 face aux agressions de l'aviation israélienne. Téhéran pousse également son influence en Syrie étant donné que la Russie, à la vue de ses relations avec Tel-Aviv, n'a condamné mais surtout agi que très timidement face à ces opérations aériennes d'Israël. Pourtant, les Russes avaient envoyé à Damas un système de défense de théâtre S-300 mais ayant un accord avec Washington et Tel-Aviv, Moscou s'est toujours refusé à les mettre en batterie face à l'aviation israélienne. Par ces deux accords, l'Iran entend montrer à la fois aux puissances régionales comme l'Arabie saoudite, la Turquie ou Israël mais également aux puissances occidentales et à la Russie, qu'il est le maître en Syrie et que son influence dans cet État demeure indiscutable.

Les relations militaires entre la Russie et l'Iran bénéficient d'une nouvelle impulsion à cause de la guerre d'Ukraine quand la Russie attaque l'Ukraine en février 2022 mais également grâce aux partenariats noués entre les deux États lors de la guerre en Syrie. La Russie, souffrant de carences dans le domaine des drones militaires par rapport aux Ukrainiens qui utilisent des drones de conception turque, souhaite également s'en procurer.

Les coûts économiques de l'intervention iranienne en Syrie

L'intervention multiforme de l'Iran en Syrie revêt de lourds coûts financiers et économiques. Un rapport du forum économique syrien de 2015 précisait qu'« *entre 2011 et 2014, ce soutien financier a constitué un énorme fardeau économique pour l'Iran qui a entraîné une baisse de la monnaie iranienne de plus de 62 %, une inflation dépassant 50 %, un chômage s'élevant à 24 %, une diminution annuelle de 15,95 % du PIB, une augmentation annuelle de 53,23 % des prix à la consommation et une diminution annuelle de 21,23 % de la balance commerciale iranienne* ».

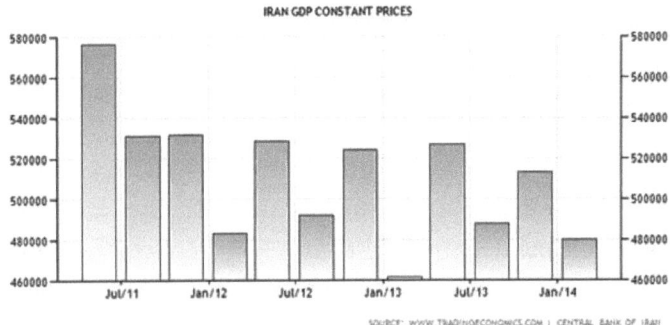

Diagramme montrant que le PIB de l'Iran a diminué de 6 % par an en prix constants, passant de 580 000 milliards de Riyals en 2011 à 480 000 milliards de Riyals en 2014. © Syrian Economic Forum

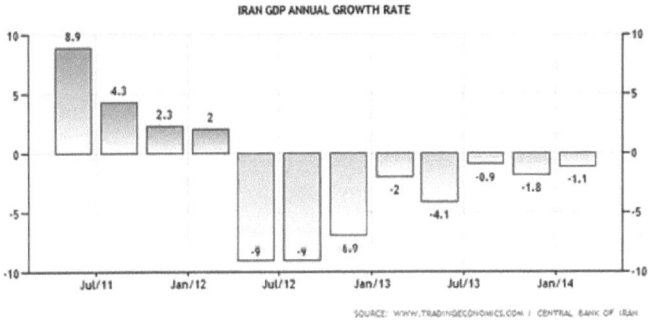

Les taux de croissance du PIB de l'Iran ont continué à diminuer. Ils ont diminué de 9 % en 2012, de 6,9 % en 2013 et de 1,8 % en 2014 © Syrian Economic Forum.

De plus, selon un député iranien, membre de la commission de sécurité nationale, le coût de l'intervention iranienne en Syrie s'élèverait à 30 milliards de dollars en 2020.

Outre l'argent investi en Syrie, un peu plus de 700 millions de dollars seraient attribués au *Hezbollah* libanais. L'*Iran Action Group* du département d'État américain a déclaré dans un rapport en 2018 que « *l'Iran a dépensé plus de 16 milliards de dollars depuis 2012 pour soutenir le président Assad et soutenir ses autres partenaires et mandataires en Syrie, en Irak et au Yémen* ».

Ces dépenses liées à la préservation des intérêts iraniens au Moyen-Orient causent une grande colère chez la population iranienne. Des manifestations éclatèrent et les critiques contre le pouvoir iranien et sa gestion du dossier syrien fusent. Ce dernier est accusé par la rue iranienne de dilapider l'argent public iranien. Celle-ci scandait ce slogan : « *Ni la Syrie, ni le Liban… Ma vie pour l'Iran !* ». De plus, l'État iranien incitait les entreprises nationales à exporter leurs produits à destination de la Syrie. Cela représente une aide gouvernementale d'un peu plus de 50 millions de dollars . Plusieurs officiels iraniens annoncèrent dès lors que l'Iran récupérerait cet argent investi en Syrie. Cela passe par le partage des « dividendes de la paix » avec les nations impliquées dans le conflit syrien.

Les « dividendes de la paix » à se partager entre parrains du régime

Il ne fait désormais plus de doute que la victoire militaire est acquise aux forces loyalistes syriennes et leurs alliés iraniens et russes. L'engagement russe en faveur de la Syrie a fait naître une diplomatie russe moyen-orientale jusqu'alors inédite. Le Moyen-Orient est habituellement le pré carré des Occidentaux en général et des Américains en particulier. Leur inaction dans la crise syrienne a permis à des acteurs nouveaux d'émerger, l'Iran et la Russie en tête. Ces deux États ont vivement coopéré en soutenant à tout point de vue le régime syrien. Cependant, une nouvelle forme de confrontation peut émerger sur l'avenir politico-économique de la Syrie. C'est ainsi que la Russie et l'Iran proposent des projets de reconstruction de la Syrie différents. La Syrie a impérieusement besoin des investissements étrangers étant donné que la reconstruction du pays est estimée par les autorités syriennes et russes à un peu plus de 400 milliards de dollars. L'Iran n'est pas en compétition uniquement avec la Russie mais également avec les autres pays du Golfe qui entendent eux aussi peser sur l'avenir de la Syrie.

L'Iran entend bien jouer un rôle déterminant pour l'avenir économique et culturel de la Syrie. Pour cela, l'Iran organisa en Syrie au moins deux expositions économiques iraniennes en 2017 et 2021 à la Foire internationale de Damas. Au moins 160 entreprises iraniennes ont participé à ces salons et sont spécialisées dans le domaine médical, de la construction et de l'énergie. Leur objectif est de signer des contrats et des mémorandums d'accords d'une manière qui contribue au développement de la Syrie. L'Iran créa également une organisation, le *Jihad al Bina*, signifiant le djihad de la construction, afin de concrétiser des actions civilo-miliaires dans l'est de la Syrie. Par exemple, l'Iran participa à la reconstruction de seize écoles à Deir ez-Zor en 2016.

L'Iran, bienfaiteur du régime de Damas, est mis en concurrence avec la redoutable Russie, plus puissante dans tous les domaines. Bien qu'ayant le même objectif de préserver Bachar al-Assad au pouvoir, Russie et Iran entrent désormais dans une ère de concurrence pour la reconstruction de la Syrie. Le géopoliticien Pascal Le Pautremat expliquait dans un entretien pour *Sputnik News* que «*l'alliance russo-iranienne est un partenariat complexe*».

Cette position de conflictualité latente obligea le pouvoir russe à organiser des entretiens de haut niveau avec les autorités iraniennes concernant la reconstruction de la Syrie. En effet, l'envoyé spécial du Président russe pour la réconciliation syrienne, Alexander Lavrentiev, et Sergey Vershinin, vice-ministre russe des Affaires étrangères, se sont rendus en novembre 2021 à Téhéran. L'objet de leur visite concernait la situation régionale du Moyen-Orient mais également et surtout l'après-guerre civile en Syrie.

L'Iran, confronté à une compétition économique avec la Russie, l'est également avec les États du Golfe. Ces derniers, initialement opposés à la Syrie de Bachar al-Assad, doivent désormais composer avec ce dernier comme il est le gagnant de la guerre civile. Ils espèrent aussi profiter de la situation et du calme précaire dans le pays pour pouvoir avancer leurs pions et pénétrer la sphère d'influence irano-russe en Syrie. Les Emirats arabes unis sont au premier rang de ces pays. Le ministre des Affaires étrangères émirati, le cheikh Abdallah Ben Zayed Al Nahyane, a rencontré le maître de Damas afin de pouvoir évoquer «*des relations entre les deux pays frères et des moyens de les développer*».

Cette visite à haut niveau diplomatique est en réalité la continuité de la politique menée par les EAU depuis 2018. En effet, l'Emirat a rouvert son ambassade à Damas à la fin de l'année 2018. Les EAU ont même soutenu l'offensive des forces armées syriennes contre la poche contrôlée par les terroristes islamistes à Idlib en 2020. De plus, l'Emirat représente un peu plus de 14 % du commerce extérieur de la Syrie. Le déplacement en Syrie du ministre émirati des Affaires étrangères concerna également la signature d'un accord pour la construction d'une centrale photovoltaïque à proximité de Damas.

L'Égypte est également présente dans la reconstruction de la Syrie et entend également peser. D'un point de vue politique tout d'abord, l'Égypte est partisane d'un retour de la Syrie au sein de la Ligue arabe sous conditions. La Syrie en avait été suspendue dès 2011. En effet, le ministre égyptien des Affaires étrangères, Sameh Choukri déclarait que «*viendra un jour où la Syrie réintégrera le giron arabe. Mais cela dépendra des politiques qu'adoptera le gouvernement syrien*».

Des rencontres diplomatiques entre Égypte et Syrie se sont tenues, une première depuis plus de dix ans. Cela témoigne de la volonté égyptienne de vouloir composer de nouveau avec le pouvoir syrien. L'Égypte est à la manœuvre pour que le reste des États arabes et du Golfe la suivent dans une nouvelle politique régionale avec la Syrie.

Les États arabes et du Golfe ne souhaitent pas investir la Syrie par humanisme, loin de là, mais ils font un calcul géopolitique qui pourrait intéresser la Syrie. Ils souhaitent saper l'influence de l'Iran qui peut s'accroître en Syrie si aucun autre Etat ne pénètre le marché syrien. La Syrie peut avoir une plus grande marge de manœuvre en diversifiant ses soutiens économiques en ne dépendant pas uniquement d'un même État. Avoir un soutien trop fort de la part de l'Iran pourrait s'avérer être dangereux pour Bachar al-Assad et pourrait également le priver d'investissements et de financements des pays riches du Golfe.

L'avenir incertain de Bachar al-Assad

Bachar al-Assad a vu son avenir plusieurs fois menacé en Syrie. Lors de la première fois, il s'agissait de menaces de frappes occidentales contre le régime syrien en 2013 après que ce dernier a utilisé de l'armement chimique sur sa propre population. Heureusement pour lui, les Occidentaux ont reculé après qu'Américains et Anglais demandèrent à leur Parlement l'autorisation de frappes puis que la France renonça à agir seule. Ensuite, en 2014, des élections présidentielles ont été organisées mais une fois encore Bachar al-Assad a pu se maintenir au pouvoir.

Cependant, depuis quelques années, d'importantes rumeurs circulent. Elles font état d'un départ négocié de Bachar al-Assad sous les pressions conjuguées de la Russie, Turquie et de l'Iran. Téhéran nie en bloc toute volonté de voir ou de faire partir Bachar al-Assad. En effet, l'Iran voit en ce dernier un instrument utilisable pour mener sa politique régionale et pour menacer le nord d'Israël bien qu'il commence à vouloir se rebeller. Cette rumeur a obligé le gouvernement iranien à réagir. Ainsi, son porte-parole déclara que « *nous entretenons des relations amicales avec la Syrie, qui revêtent un caractère stratégique. Nous et les autres ne sommes pas en droit de décider à la place du peuple syrien. Nous et la Russie ne poursuivons pas de tels objectifs* ».

De plus, Bachar al-Assad joua avec le feu lorsqu'en novembre 2021, il fit expulser le chef de la force *al-Qods* en Syrie, le général Mustafa Javad Ghafari. Ce dernier est accusé par le pouvoir syrien d'être à l'origine « *d'une violation majeure de la souveraineté syrienne à tous les niveaux* » selon plusieurs médias saoudiens. Il aurait alors mené « *un certain nombre d'activités contre les États-Unis et Israël qui ont presque conduit à l'entrée de la Syrie dans une guerre régionale non désirée, y compris l'attaque contre des cibles américaines en Syrie le 20 octobre [2021] par des milices soutenues par l'Iran* ».

Les médias saoudiens ajoutent que « *Ghafari a admis la présence d'éléments et d'armes iraniens dans les zones où le régime syrien a interdit leur déploiement* ».

Mais Bachar al-Assad doit être vigilant. Deux États entendent l'utiliser pour mener à bien leurs propres politiques régionales. Vouloir s'en affranchir s'avérerait être dangereux pour lui, son clan et son maintien au pouvoir. Par exemple, la Russie en difficulté contre l'Ukraine a exercé une pression pour que la Syrie envoie 16 000 « volontaires » combattre à ses côtés. L'Iran est également vigilant à tout changement de direction de la part de Damas vers les Occidentaux ou vers Israël. Il n'accepterait certainement pas de voir son influence et sa capacité de nuisance en Méditerranée orientale être ainsi sapées. Bachar al-Assad pourrait très bien se faire renverser par un coup d'État à la solde de Téhéran, d'autant plus que l'Iran a toujours ses milices présentes sur le sol syrien.

Bachar al-Assad doit utiliser ses relations diplomatiques et militaires avec ses parrains avec une grande stratégie et une grande souplesse dans le but d'éviter par exemple une nouvelle intervention turque dans le nord du pays contre les séparatistes kurdes qui bordent la frontière séparant les deux pays. La Syrie est totalement opposée à une nouvelle offensive turque dans le nord du pays alors que l'Iran s'y montrait initialement peu opposé. Au contraire, la Russie y est totalement opposée. Estimant très certainement qu'une telle intervention turque avec la bénédiction tacite de Téhéran entraînerait des conséquences sur les relations irano-syriennes, le ministre iranien des Affaires étrangères Hossein Amir-Abdollahian s'est rendu début juillet 2022 dans ces deux pays dans le but de « *développer les relations bilatérales,* consulter Bachar al-Assad, le ministre des Affaires étrangères et les hauts responsables de la Syrie ».

Il y déclara que « *toute action militaire turque dans le nord de la Syrie serait un élément déstabilisateur dans la région* ».

Lors de la visite du Président turc à Téhéran en juillet 2022, le Guide suprême Ali Khamenei déclara qu'une éventuelle opération militaire de l'armée turque dans le nord de la Syrie serait préjudiciable pour la région.

Enfin, lors des importantes manifestations qui secouent l'Iran, au moment de la rédaction de cet ouvrage, la Syrie apporta son soutien à son bienfaiteur iranien. Ce soutien est affirmé par la voix du ministre syrien des Affaires étrangères, Fayçal Moqdad, le 2 novembre 2022. Il déclara ainsi : « *nous renouvelons le soutien de la Syrie au peuple frère et ami d'Iran, et nous nous félicitons de l'échec de ceux qui ont soutenu financièrement, dans les médias, politiquement et internationalement l'attaque contre ce pays* ».

Ce soutien de l'Iran à la Syrie de Bachar al-Assad emporte une conséquence dévastatrice pour l'Iran. En effet, le pays fut alors exposé à une réplique violente de la part des terroristes de *Daesh*. Deux attentats firent des ravages en Iran en 2017 et 2018.

L'Iran frappé par des attentats meurtriers

L'Iran est très actif dans la lutte contre *Daesh* et les autres groupes terroristes présents en Irak et en Syrie depuis 2011. L'Iran et les Iraniens s'attendaient à une riposte de l'État islamique sur le sol iranien. Malheureusement, le territoire iranien a été frappé au moins une fois en juin 2017.

La seconde attaque fait l'objet de polémiques concernant sa revendication.

Daesh a été ciblé durement par l'Iran lors de ses engagements en Irak et en Syrie. Il répliqua fortement en frappant le territoire iranien. La première attaque de ce groupe terroriste eut lieu dans la capitale iranienne le 7 juin 2017. Deux sites ont été ciblés. Tout d'abord, à 10h30, quatre hommes armés firent irruption au sein du Parlement iranien, les *Madjles*, et ont ouvert le feu. Ils étaient déguisés en femmes. Pris en chasse par les forces de sécurité iranienne, ils se sont retranchés dans une pièce du Parlement et ont pris des otages. Les forces d'élite antiterroristes des CGRI ont pu abattre trois hommes tandis que le dernier portait une ceinture explosive et l'a activée. La deuxième attaque eut lieu trente minutes plus tard, à une vingtaine de kilomètres au sud de la capitale. Elle visait le mausolée de l'ayatollah Khomeiny. Au moins deux hommes ont activé leurs ceintures explosives à l'intérieur de celui-ci. L'État islamique revendique ces attaques dans la capitale iranienne. Il avait menacé de s'attaquer à l'Iran alors que les forces iraniennes combattent et entravent sévèrement les actions de ces terroristes en Syrie et en Irak. Face à ces attentats d'une ampleur inégalée en Iran, le ministre iranien de l'Intérieur, Abdolreza Rahmani Fazli, convoqua une réunion d'urgence du conseil national de sécurité. Le ministre des Renseignements indiquait que *« trois opérations terroristes avaient été prévues ce [jour] à Téhéran. L'une des équipes ayant été neutralisée avant de pouvoir passer à l'action »*.

Dans la soirée, le président de la République islamique d'Iran, Hassan Rohani, en appelait à *« l'unité et à la coopération régionale et internationale contre le terrorisme »*.

Il ajouta que « *ceux qui veulent du mal à l'Iran ont recruté des éléments réactionnaires et takfiris pour tenter de cacher leurs échecs régionaux et faire oublier le mécontentement au sein de leur propre société* ».

Le communiqué des CGRI fut plus agressif et ciblait davantage certains États hostiles à l'Iran. Ainsi, ils déclrèrent « *que les attentats ont eu lieu après la rencontre du président américain Donald Trump avec le chef d'un des gouvernements réactionnaires de la région qui a toujours soutenu les terroristes. La revendication par Daesh montre qu'ils sont impliqués* ».

Ils promettent de ne laisser « *jamais sans vengeance le sang d'innocent versé* ».

Les Américains, visés par ces déclarations, répondirent également avec une grande agressivité. Ils déclarèrent, via le président Trump : « *nous soulignons que les États qui appuient le terrorisme risquent de devenir les victimes du mal qu'ils soutiennent* ».

Ces propos assez violents furent aussitôt condamnés par le ministre iranien des Affaires étrangères, Mohammad Javad Zarif, lequel indiquant que « *le communiqué de la Maison-Blanche est répugnant alors que les Iraniens font face à la terreur soutenue par les clients des Américains* ».

Le Guide suprême Ali Khamenei a réagi et a présenté ses condoléances aux familles de victimes dans un communiqué. Il indique que « *les attentats ne feront que renforcer la haine à l'encontre du gouvernement des États-Unis et de ses agents dans la région* ».

Dans la région, seuls les Emirats arabes unis ont condamné cet attentat. Selon les premiers éléments de l'enquête, les terroristes agissant ce jour-là en Iran étaient de nationalité iranienne et avaient rejoint l'EI. Selon le ministère des Renseignements, « *les assaillants, tous morts, ont participé à des crimes commis par ce groupe terroriste à Mossoul et Raqqa* ».

Le bilan définitif de ces deux attentats fait état de 17 morts et 52 blessés.

La riposte de l'Iran ne se fait pas attendre. D'importantes arrestations de personnes soupçonnées d'être membres de *Daesh* ont eu lieu dans la capitale et près des frontières turco-irakiennes. Dans la nuit du 17 au 18 juin 2017, l'Iran lança l'opération *Laylat al-Qadr* (Nuit du destin) contre *Daesh* en Syrie. Le CGRI cibla des centres de commandement du groupe terroriste situés entre 650 et 750 km de l'Iran, en Syrie, avec des missiles de type *Zoulfagar*. Plus particulièrement, à proximité de la ville syrienne de Mayadine, près de Deiz ez-Zor. L'opération militaire iranienne s'est effectuée en concertation avec les forces syriennes. Le porte-parole des CGRI, Ramazan Sharif, indiquait que « *cette opération n'est qu'une très petite partie de la capacité de la force punitive de l'Iran contre les terroristes et les ennemis* ».

Un an plus tard, l'Iran fut de nouveau la cible d'un terrible attentat. Dans le sud-ouest du pays, la ville d'Ahvaz fut le théâtre d'un dramatique attentat le 22 septembre 2018, lors d'un défilé de soldats du CGRI commémorant la date de l'attaque de l'Irak lors de la guerre Iran-Irak, entre 1980 et 1988. Au moins cinq hommes armés, déguisés en soldats du CGRI ont ouvert le feu durant une quinzaine de minutes sur les soldats qui défilaient. Les assaillants furent éliminés après une fusillade avec les forces de sécurité iraniennes. Le bilan est lourd et fait état de 29 soldats et civils iraniens décédés ainsi que 70 blessés. Parmi les civils, un enfant de quatre ans et des femmes furent tués. Des funérailles nationales ont été organisées le 24 septembre réunissant une foule de milliers d'Iraniens dans les rues d'Ahvaz.

Cependant, un problème s'est posé concernant la revendication d'un tel acte terroriste. *Daesh* revendiqua cette action sur ses canaux traditionnels tandis qu'un autre groupe la revendiquait également. Il s'agit d'un groupuscule séparatiste arabo-sunnite *Al-Ahvazieh*. Le leader du Front populaire démocratique ahwazi, Salah Abo Sharef Ahwazi, démentit le jour de l'attaque avoir ordonné une telle action et accusa Téhéran d'avoir orchestré cette attaque. Cette justification n'est pas acceptée par les autorités iraniennes qui accusèrent alors Londres, Amsterdam et Copenhague d'héberger sur leur territoire des activistes de ce groupe. Ali Khamenei, le Guide suprême, a accusé les assaillants d'avoir été «*financés par les Saoudiens et les Emirats arabes unis*».

Riyad et Abou Dhabi ont immédiatement démenti ces accusations. Pourtant, le 23 septembre, *Daesh* publia une vidéo montrant ses combattants vouloir accomplir cette basse besogne. Le lendemain, le directeur d'un quotidien des CGRI affirme que le mode opératoire utilisé n'est pas celui du groupe séparatiste arabo-sunnite initialement accusé. Si l'Iran accuse ce dernier, c'est encore une fois pour utiliser ses justifications habituelles mettant en avant un complot organisé par l'Arabie saoudite et Israël, aidés et manipulés par les États-Unis, contre l'Iran. Sur la scène internationale, Vladimir Poutine se dit horrifié et transmit ce communiqué à Téhéran : «*Cet événement nous rappelle la nécessité d'une bataille sans compromis contre le terrorisme sous toutes ses formes. Je voudrais confirmer que nous sommes prêts à continuer à coopérer avec nos partenaires iraniens pour résister à ce mal*». Damas, Paris et même Washington ont également condamné une telle attaque. Comme lors de la première attaque, le 1ᵉʳ octobre 2018, des frappes de missiles ont été organisées en riposte contre l'État islamique, en Syrie, à la frontière irakienne. Le CGRI annonça dans un communiqué la frappe : « *Le quartier général des responsables du crime terroriste d'Ahvaz a été attaqué il y a quelques minutes à l'est de l'Euphrate par plusieurs missiles balistiques tirés par la branche aérospatiale des Gardiens de la révolution. Selon les premières informations, de nombreux terroristes takfiri et les chefs responsables du crime terroriste d'Ahvaz ont été tués ou blessés dans cette attaque* ».

Selon ces derniers, ils dressèrent un bilan d'environ quarante cadres de *Daesh* tués dans cette frappe. Une question reste en suspens : pourquoi viser en représailles *Daesh* en Syrie si les responsables de l'attentat d'Ahvaz étaient membres du groupe *Al-Ahvazieh* ?

EN BREF

Les conséquences de l'intervention iranienne en Syrie ne sont pas sans effets à la fois sur la Syrie mais également pour l'Iran. La première d'entres-elles est la conduite d'une véritable politique syrienne de l'Iran sur le modèle de celle appliquée en Irak depuis 2003. La deuxième est une lutte féroce pour s'approprier les divers marchés liés à la reconstruction de l'État syrien avec le partenaire russe, les États du Golfe ou encore les États occidentaux. La troisième conséquence est que l'aide massive de Téhéran à l'égard de Damas a rendu Bachar al-Assad très dépendant de l'Iran et que ce dernier l'utilise pour mener sa politique régionale. La dernière conséquence est que l'Iran fit l'objet de deux terribles attaques terroristes en 2017 et 2018 perpétrées par Daesh en raison de son intervention en Syrie.

Conclusion
et scénarii de prospective

En intervenant en faveur de la Syrie de Bachar al-Assad, l'Iran est redevenu un acteur majeur du Moyen-Orient. Dès le début de la crise syrienne, l'Iran a soutenu son partenaire syrien avec qui il entretient une relation historique depuis 1980. Si au début de la crise syrienne l'intervention iranienne s'est faite plutôt discrètement et timidement, au fur et à mesure que la Syrie s'enfonçait dans la guerre civile, l'Iran renforçait son dispositif de soutien à Bachar al-Assad. Ce dernier est de nature politique, économique, militaire et diplomatique. Ainsi, ce qui motiva Téhéran à intervenir massivement en Syrie fut le risque d'un encerclement sunnite mais surtout pour contrer le risque que la Syrie tombe entre leurs mains. Le corridor d'approvisionnement du Liban aurait alors été menacé et avec lui toute la politique régionale de Téhéran. Ainsi, en intervenant, l'Iran poursuit sa politique de défense régionale conçue depuis la guerre Iran-Irak. Cependant, parler de la renaissance d'un Empire est prématuré pour l'heure. L'Iran, en intervenant en Syrie, n'accentue pas une volonté impérialiste dans la région mais cette intervention est une traduction nationaliste de la politique régionale de l'Iran. Cette intervention accentue néanmoins son influence dans la région et le sort de son isolement international et régional dans lequel il se trouvait depuis le début des années 2000. Désormais, il faut compter sur l'Iran.

L'Iran s'installe également de plus en plus en Syrie, au grand dam de la politique d'équilibre entre les deux pays qu'avait mise en place le père de Bachar al-Assad, Hafez. L'Iran n'hésite pas à déplacer des populations sunnites de lieux stratégiques pour les remplacer par des personnes de confession chiite. L'Iran tente également d'accroître sa présence culturelle et historique en ouvrant des centres culturels iraniens, des lieux de culte chiites, en favorisant la langue et l'histoire iranienne dans le pays. Son fils a bien compris qu'il devenait de plus en plus le pingouin, l'obligé, le faire-valoir de l'Iran et tente de s'en défaire en multipliant les accords économiques et de reconstruction du pays avec les monarchies du Golfe, les États occidentaux, la Russie et l'Égypte.

Bien que très présent en Syrie, l'Iran est confronté à une concurrence féroce après la guerre. Les partenaires d'hier sont devenus de potentiels adversaires économiques. La Russie en est l'exemple le plus frappant. L'Iran doit également faire face aux concurrences économiques de la part des pays du Golfe (Arabie saoudite, Qatar, EAU).

Enfin, de l'avis de l'auteur, plusieurs *scénarii* se dessinent concernant l'avenir de la Syrie et de Bachar al-Assad et pourraient se concrétiser dans les années à venir. Cinq se dégagent principalement et sont classés par ordre de probabilité croissante.

Conclusion

Le retour de la Syrie dans la Ligue arabe et jeu d'équilibriste de la Syrie

La Syrie retournerait dans le giron arabe en redevenant membre de la Ligue arabe certainement à la fin de l'année 2022. Pour mémoire, le pays est un de ses membres fondateurs et l'avait rejointe en 1963 avant de s'en faire exclure en 2011 au moment où la guerre civile a éclaté. Si cela se produit, la Syrie devra jouer aux équilibristes entre les exigences de l'Arabie saoudite et de l'Iran, les deux grands rivaux au Moyen-Orient. Trop vouloir en satisfaire un créera obligatoirement des tensions avec le second. De plus, l'Iran se montrerait assez intransigeant avec Damas si cette dernière rejoignait de nouveau l'organisation d'intégration régionale rivale. Cela pourrait conduire Téhéran à mener de nouveaux des actes hostiles contre la Syrie, comme durant l'année 2008, quand la Syrie souhaitait se rapprocher de l'Occident.

Bachar al-Assad et son régime se font renverser

Dans ce scénario, le maître de Damas n'aurait pas su maintenir un équilibre entre la Russie et l'Iran et l'un de ces deux pays ou les deux orchestreront son renversement pour accroître leur présence en Syrie. L'Iran ou la Russie installeraient alors un régime totalement fantoche agissant à la solde de l'un ou de l'autre voire des deux. Il s'agit d'une crainte croissante de Bachar al-Assad. Il sait que sa survie ne dépend que de ses bons auspices à l'égard de ses puissants parrains. Ceux-ci ont dépensé beaucoup d'argent, perdu beaucoup d'hommes pour que Bachar al-Assad continue d'être le maître incontesté de la Syrie. En échange, il doit obéir à toutes les injonctions venues de Moscou et/ou de Téhéran. La preuve en est pour le déploiement de « volontaires » syriens au profit des armées russes à la suite de l'offensive russe contre l'Ukraine en février 2022. S'il venait à refuser une concession trop importante pour Moscou et/ou pour Téhéran, ses jours seraient comptés.

Libanisation de la Syrie

Pour mémoire, la libanisation s'entend selon le Larousse comme un « *processus de fragmentation d'un État, résultant de l'affrontement entre diverses communautés de confessions par allusion aux affrontements qu'a connus le Liban dans les années 1980* ». La Syrie pourrait se diriger vers ce scénario si les tensions communautaires sont exacerbées par l'une des parties. L'Iran pourrait actionner ce levier en cas de perte d'influence plus ou moins majeure en Syrie. Le pays des Mollahs dispose de l'expérience irakienne mais également de moyens humains et logistiques déployés potentiellement à cet effet en Syrie. D'une guerre civile, la Syrie passerait à une guerre confessionnelle.

L'érosion de l'influence russe en Syrie en raison de la guerre en Ukraine

La Russie a attaqué l'Ukraine le 24 février 2022. Face à la résistance héroïque du peuple et de l'armée ukrainienne, aux pertes impressionnantes de l'armée russe, les stratèges russes obligeraient dans un futur plus ou moins proche à combler les pertes en rapatriant leurs soldats d'un peu partout à travers la planète. Pour rappel, environ 10 000 soldats russes sont encore présents en Syrie. Ils constituent un contrepoids non négligeable aux appétits iraniens en Syrie. Plusieurs médias internationaux font déjà état d'un rapatriement de soldats russes à destination de la Russie.

Cela avantagerait alors grandement Téhéran en Syrie étant donné que l'Iran n'aurait plus le rival direct et puissant que représentait la Russie. Bachar al-Assad serait pieds et poings liés à l'Iran. L'Iran a déjà commencé à avancer ses pions plus agressivement en Syrie. La Russie ne pouvant maintenir ses approvisionnements pétroliers à destination de la Syrie, l'Iran remplace progressivement la Russie dans la livraison d'hydrocarbures à la Syrie.

Statut quo

Le scénario le plus probable qui se dégagerait serait ce dernier. En effet, habile, Bachar al-Assad sait jouer des tensions et rivalités entre ses différents parrains russes et iraniens pour se maintenir au pouvoir. Afin d'être assuré de tenir le pays, il pourrait continuer de laisser les différentes communautés s'autogérer quasiment seules et où le régime central leur apporterait une protection. Cela s'apparenterait à une fédéralisation du pays ou du moins à une libanisation de la Syrie. Bachar al-Assad pourrait s'appuyer sur le patriotisme de ses concitoyens pour faire face aux agressions extérieures de la Turquie dans le nord du pays.

Frise chronologique

1946
Indépendance de la Syrie vis-à-vis de la France.
1954
Accord de défense entre l'URSS et la Syrie.
1971
Accord signé entre l'URSS et la Syrie pour que la marine soviétique ait accès au port syrien de Tartous.
1976
Intervention de la Syrie au Liban.
1979
Révolution islamique en Iran
1980
22 septembre : début de la guerre Iran-Irak
1982
Accord entre l'Iran et la Syrie sur une vente préférentielle de pétrole. Création du Hezbollah.
1987
Lors du sommet de la Ligue Arabe d'Amman, la Syrie réprouva vigoureusement la condamnation de l'Iran par les pays arabes.
1988
Fin de la guerre Iran-Irak.
1990
22 septembre : visite d'Hafez al-Assad en Iran.
2008
1er août : assassinat du général syrien Mohammed Souleimane par l'Iran.
11 septembre : assassinat d'Hisham al-Labadani, proche collaborateur du chef du bureau politique du Hamas, par la Syrie.

26 septembre : attentat fomenté par l'Iran à Damas.
2009
13 juin – 30 juillet : Révolution verte en Iran
2011
15 mars : manifestations populaires devant le palais de justice de Deraa.
18 mars : « Vendredi de la liberté », élément déclencheur de la révolution syrienne.
30 mars : allocution du président al-Assad devant la Nation.
19 avril : levée de l'état d'urgence en vigueur en Syrie depuis 1963.
13 juin : siège de la ville syrienne de Jisr al-Choghour par l'armée nationale syrienne.
29 juillet : naissance de l'armée syrienne libre.
9 septembre : le président iranien M. Ahmadinejad appelle son homologue syrien à mettre fin aux répressions.
15 septembre : naissance du Conseil national syrien.
Novembre : abstention de l'Irak au sommet de la Ligue Arabe pour exclure la Syrie.
2012
21 mars : plan de paix du Conseil de sécurité
Avril : le journal allemand Der Spiegel révèle qu'un allemand chargé d'armes iraniennes avait été arraisonné, à 80 kilomètres au large de Tartous, en Syrie.
29 mai : les États-Unis affirment que la force iranienne *al-Qods* forment des milices syriennes.
30 juin : accord de Genève I
10 juillet : l'Iran approuve le plan des Nations-Unies du mois de mars.
18 juillet : « *La vraie Syrie est celle de Bachar al-Assad* » déclarait le *leader* du *Hezbollah*.
16 août : l'Organisation de la Coopération islamique suspend la Syrie.
24 août : attaque du mausolée Mashad al-Saqt par les rebelles syriens.
Septembre : les États-Unis exigent de l'Irak de contrôler les vols entre l'Iran et la Syrie.
16 septembre : reconnaissance publique par le général Mohammad Ali Jafari, commandant en chef du CGRI, de forces iraniennes en Syrie.

Frise chronologique

11 octobre : Hassan Nasrallah, déclare que le régime syrien ne le lui avait pas encore demandé d'intervenir.
18 décembre : annulation d'une visite d'État de M.Ahmadinejad en Turquie.

2013
30 janvier : premières frappes israéliennes visant des installations iraniennes en Syrie.
30 avril : reconnaissance par le *Hezbollah* libanais de sa présence en Syrie.
Août : encerclement de la mosquée al-Zaynab, au sud-est de Damas, élément déclencheur de l'intervention iranienne en Syrie.
21 août : attaque chimique contre la population civile dans la banlieue de Damas par le gouvernement loyaliste.
30 août : les menaces de frappes occidentales contre le régime syrien se précisent.

2014
22 janvier : conférence de Genève II sans la participation de l'Iran.
16 juin : l'Iran se veut rassurant sur la menace que faisait peser *Daesh* sur ses frontières avec l'Irak.
8 août : déclenchement de frappes américaines en Irak sur les terroristes de *Daesh*.
14 août : « *sans le combat mené par le Hezbollah, l'État islamique serait arrivé à Beyrouth* » déclarait le *leader* du *Hezbollah*.
15 septembre : conférence de Paris réunissant une trentaine de pays contre Daesh. L'Iran ne fut pas inviter à y participer.
23 septembre : début des frappes occidentales contre Daesh en territoire syrien.

2015
Janvier : visite du ministre iranien des Affaires étrangères en Russie.
Juillet : visite en Russie du général iranien Soleimani.
30 septembre : intervention militaire de la Russie en Syrie.

2016
Janvier : rejet par les rebelles syriens du plan de paix russe.
16 août : utilisation par l'aviation russe de la base iranienne de Hamadan.
21 août : justifications du pouvoir iranien de l'utilisation d'une base aérienne par une puissance étrangère.

2017
Janvier : processus de paix d'Astana

7 avril : les États-Unis bombardent la Syrie en réaction à une attaque chimique les jours précédents.

29 mai : le président de la République française, Emmanuel Macron, nouvellement élu, affirme que toute utilisation d'arme chimique en Syrie constitue une ligne rouge.

7 juin : attentats de Téhéran faisant 17 morts et 52 blessés.

18 juin : frappes de représailles iraniennes contre *Daesh* en Syrie.

2018

Nuit du 13 au 14 avril : les États-Unis, la France et le Royaume-Uni lancent une offensive aérienne contre les forces du régime syrien suite à l'utilisation d'armes chimiques.

14 et 16 avril 2018 : déclarations véhémentes du Guide suprême iranien, Ali Khamenei, après les frappes occidentales en Syrie.

9 mai : multiples frappes de roquettes attribuées à la force iranienne *al-Qods* depuis la Syrie sur des positions tenues par l'armée israélienne sur le plateau contesté du Golan. Israël mena des bombardements en riposte contre la Syrie.

17 mai : la Russie estime que les forces étrangères doivent se retirer de Syrie.

20 mai : clarifications du Kremlin sur les propos tenus trois jours auparavant : toutes les forces jugées illégitimes en Syrie doivent partir. L'Iran semble ne pas être visé par ces déclarations.

21 mai : réaction de l'Iran aux propos russes : l'Iran maintiendra sa présence en Syrie tant que le gouvernement syrien en aura besoin.

Août : accord de coopération militaire signé entre l'Iran et la Syrie

22 septembre : attentat d'Ahvaz (Iran) faisant 29 morts et 70 blessés.

1er octobre : frappes de représailles iraniennes en Syrie contre *Daesh*.

2 octobre : attentat contre l'OMPI déjoué à Paris. L'Iran est soupçonné d'en être le commanditaire.

2019

14 septembre : série d'explosions sur des installations portuaires en Arabie saoudite. L'Iran est soupçonné d'en être l'auteur.

2020

8 juillet : accord signé entre l'Iran et la Syrie afin de renforcer les capacités anti-aériennes de cette dernière.

2021

25 février : frappes américaines en Syrie contre des milices pro-iraniennes après des attaques sur les intérêts américains en Irak.

Été : arraisonnages de navires occidentaux par l'Iran.

20 octobre : frappe de milices soutenues par l'Iran contre une base américaine du sud de la Syrie, à la frontière avec Israël.
Novembre : expulsion du général Mustafa Javad Ghafari, le chef de la force *al-Qods*, par la Syrie.
2022
24 février : agression de la Russie sur l'Ukraine.
Mars : bombardement israélien tuant deux membres du CGRI sur l'aéroport de Damas. En riposte, l'Iran tire des missiles balistiques en Irak où le Mossad aurait installé des infrastructures.
Mai : la Jordanie fustige les implications de l'Iran et de la Syrie dans des opérations de contrebande liées au trafic de drogues.
Juillet : visite de Vladimir Poutine en Iran.
2 novembre : réaffirmation du soutien de l'Iran à l'offensive russe en Ukraine.

Postface

Les *Pasdarans* ont été, comme le décrit très bien cet ouvrage, au cœur de l'organisation de l'intervention de l'Iran en Syrie. Les *Pasdarans* sont des membres influents de la mouvance politique iranienne la plus radicale, qui soutient le principe de *Velayat-eh Faqih*, c'est-à-dire la supériorité du religieux sur le politique. Cette intervention iranienne en Syrie est totalement soutenue par ce courant. Hassan Rohani, après son élection en tant que président de la République, en 2013, a bien essayé d'infléchir la politique iranienne en Syrie. Hassan Rohani, proche d'Hachémi Rafsandjani, l'ancien président de la République Islamique d'Iran (RII), était alors un des *leaders* du courant modéré iranien. Son objectif était d'infléchir la stratégie iranienne en Syrie pour qu'elle repose plus sur la mise en place d'institutions politiques démocratiques et moins sur une stratégie militaire basée sur une alliance sans conditions avec Bachar al Assad. L'effondrement de la popularité d'Hassan Rohani, du fait de l'émergence d'une grave crise économique en Iran en 2018 à cause de la décision de Donald Trump de sortir les États-Unis de l'Accord sur le nucléaire signé en 2015, ont rendu ces efforts caducs. En effet, Hassan Rohani et le courant modéré avaient basé toute leur politique économique sur une levée des sanctions du fait de la négociation d'un Accord sur le nucléaire. La sortie des États-Unis de l'accord et la remise en place des sanctions américaines, ont conduit à l'échec de cette politique. Dans un tel contexte de crise économique (avec une inflation qui a atteint près de 40 % depuis 2018), la légitimité du courant modéré en Iran s'est effondrée et les courants radicaux iraniens ont profité de ce « vide » politique pour s'approprier tous les pouvoirs. Ils ont notamment acquis une majorité au Parlement iranien en 2020 et vu un des leurs, Ebrahim Raïssi, être élu Président de la République en 2021, après des élections caractérisées par l'invalidation de la candidature de nombreux « modérés » par le Conseil des Gardiens de la Constitution et un niveau historiquement bas de participation[1]. Ce contrôle total de la mouvance proche du *Velayat-eh faqih* sur l'environnement politique iranien a évidemment favorisé la poursuite de la stratégie iranienne en Syrie telle qu'elle a été conçue au début de la guerre civile en Syrie, avec notamment une priorité au soutien à Bachar al Assad. On peut donc se poser la question de l'impact des troubles qui affectent l'Iran depuis septembre 2022 et la mort en détention par la Police des Mœurs, de Mahsa Amini, une jeune kurde iranienne de 22 ans, sur la stratégie iranienne en Syrie et sur ce rôle directeur des *Pasdarans* dans cette stratégie. Il s'agit en effet des manifestations de protestation les plus importantes depuis la révolution du fait notamment de leur longueur dans le temps, du rôle *leader* des femmes dans ce mouvement et du radicalisme des demandes exprimées qui

---

1 Le Conseil des Gardiens de la Constitution a un droit de contrôle sur les candidats aux élections législatives et présidentielles. Dominé par les mouvances les plus radicales, il a « utilisé » ce droit pour écarter de ces élections de nombreux candidats « modérés ».

demandent clairement la fin de la République islamique d'Iran. Pour l'instant, les autorités ont choisi de répondre à ce mouvement par la répression, ce qui a conduit à près de 500 morts et des milliers d'arrestations du côté des manifestants alors que l'on compte près de 60 morts du côté des forces de sécurité. Il est très difficile de prévoir précisément les conséquences politiques internes de ce mouvement. Du fait notamment de la violence de la répression à l'œuvre depuis septembre 2022, on constate dans tous les cas un fossé de plus en plus grand entre les manifestants et les principaux dirigeants de la RII[2]. La participation directe des *Pasdarans* à cette répression renforce également les ressentiments des manifestants vis-à-vis de ce corps d'armée, qui est perçu comme un des piliers de la RII (un certain nombre de slogans s'attaquent d'ailleurs directement aux *Pasdarans*). On peut néanmoins considérer qu'à court terme, il ne faut sans doute pas s'attendre à de profonds changements de la politique iranienne en Syrie. Comme cela a été précisé plusieurs fois dans cet ouvrage, l'intervention en Syrie a été décidé pour des raisons stratégiques comme la défense de « l'Axe de résistance », qui sont au cœur du projet politique et même idéologique des courants qui défendent le principe de *Velayat-eh faqih* en Iran. Cette politique est d'ailleurs restée une priorité de l'Iran alors même que l'économie était en pleine crise depuis 2018 du fait de « la politique de pression maximale » contre l'Iran de Donald Trump.

La RII tire d'ailleurs a priori un bilan plutôt positif de son intervention en Syrie. Tout d'abord, les objectifs initiaux

---

2   Il est difficile de savoir quelle est la part exacte de la population qui soutient ce mouvement. On peut toutefois supposer qu'une majorité de la population soutient ces mouvements de protestation.

de cette intervention ont été atteints : 1) l'Axe de résistance contre Israël a été sauvegardé du fait du maintien au pouvoir de Bachar al Assad. 2) les groupes sunnites radicaux tels que l'État islamique ont été vaincus militairement. 3) La participation de l'Iran à la victoire militaire contre les opposants de Bachar al Assad a renforcé le poids de la RII dans les équilibres politiques internes en Syrie. Mais surtout, comme cela est noté avec justesse dans cet ouvrage, l'idée que la RII bénéficie maintenant du véritable « profondeur stratégique » du fait notamment de cette présence en Syrie fait clairement l'unanimité chez les forces conservatrices en Iran. En clair, cette présence régionale, notamment en Syrie, est vue comme permettant de mettre en place une politique de dissuasion ; c'est-à-dire que toute attaque directe contre le sol iranien pourrait conduire l'Iran à « répondre » par une régionalisation du conflit à tout le Moyen-Orient. Cette politique de dissuasion est considérée comme vitale par le pouvoir iranien du fait du sentiment qu'il leur ait quasiment impossible de s'opposer avec succès à une attaque aérienne de la part d'Israël et des États-Unis du fait notamment de la faiblesse de leur système de défense anti-aérienne. Cette intervention a par ailleurs conduit à une évolution du rapport de forces à l'intérieur de « l'Axe de résistance ». Officiellement, la RII reste le *leader* de cet axe et le secrétaire général du *Hezbollah*, Hassan Nasrallah, a toujours défendu ce *leadership*. Dans les faits toutefois, le rôle décisif du *Hezbollah* libanais dans la victoire des forces proches de l'Iran dans la guerre civile syrienne, sa participation décisive à la victoire en Irak des forces gouvernementales contre l'État islamique et son soutien effectif aux Houthis au Yémen, signifient que le groupe politico-militaire libanais est maintenant l'acteur le plus important de la politique régionale de l'Iran. Le groupe libanais a donc fait évoluer le rapport de forces en sa faveur dans ses relations avec la RII. On peut même penser que les manifestations actuelles de protestation en Iran contribuent également, en affaiblissant politiquement la RII, à renforcer ce rôle du *Hezbolla*h libanais dans « l'Axe de résistance ».

Thierry COVILLE
Chercheur spécialiste de l'Iran à l'Institut des
Relations Internationales et Stratégiques (IRIS)

Bibliographie

Ouvrages

AUBRY Emilie et TETART Frank, *Le dessous des cartes : le monde mis à nu*, Editions Tallandier et Arte Editions, 2021, 223 pages.
DALLE Ignace et GLASMAN Wladimir, *Le cauchemar syrien*, Paris, Editions Fayard, 2016, 400 pages.
FEKI Masri, *L'axe irano-syrien*, Paris, Editions Studyrama perspectives, 2007, 120 pages.
FELLOUS Gérard, *La Syrie : un conflit asymétrique dévastateur*, Paris, Editions L'Harmattan, 2020, 651 pages.
HADIDI Subhi, MAJED Ziad, MARDAM-BEY Farouk, *Dans la tête de Bachar al-Assad*, Paris, 2018, 210 pages.
HOURCADE Bernard, *Géopolitique de l'Iran* : les défis d'une renaissance, Paris, Editions Armand Colin, 2016, 335 pages. HOURCADE Bernard, *Iran* : paradoxes d'une nation, dans la revue Géographie, documentation photographique, CNRS Editions, 2021, 63 pages.
KEPPEL Gilles, *Sortir du chaos, Les crises en Méditerranée et au Moyen-Orient*, Editions Gallimard, 2018, 514 pages.
KLEIB Sami, *Syrie-Documents secrets d'une guerre programmée*, Paris, Editions Les points sur les i, 2019, 395 pages.
LORTZ Morgan, *Comprendre les Gardiens de la Révolution islamique*, Paris, Editions L'Harmattan, 2022, 274 pages.
OREN Chauvel, *Guerre de l'ombre entre Israël et la république islamique d'Iran, Tsahal contre «l'axe de la résistance» iranien*, Paris, Editions L'Harmattan, 2022, 148 pages.
PROTASSOV Anastasia, *Entre l'Iran et la Turquie* : quelle place pour la Russie ? *Un retour sur la crise syrienne*, Paris, Editions L'Harmattan, 2021, 138 pages.

Sous la direction d'Ata AYATI et de David RIGOULET-ROZE, *La République islamique d'Iran en crise systémique, quatre décennies de tourments*, Paris, Éditions L'Harmatan, 2022, 329 pages.

Sous la direction du général Nicolas AUBOUIN et du colonel Stéphane FAUDAIS, *Atlas de l'École de guerre : une géopolitique du Monde*, Paris, Editions de l'École de guerre, 2022, 168 pages.

Thèse

BABAEIZADEH BALMERI Mohsen, « *Le conflit syrien au regard du droit international : quelles évolutions en matière de maintien de la paix et de la sécurité internationales ?* », thèse soutenue le 19 mars 2020, à l'université de Lorraine, Nancy, France.
https://hal.univ-lorraine.fr/tel-02512440/document

Revue

Sous la direction de Pierre RAZOUX, *Où va l'Iran ?* Diplomatie n° 69, Août-Septembre 2022, 96 pages.

Sitographie

ABDO Geneive « How Iran Keeps Assad in Power in Syria », sur *Web Archiv* [En ligne], publié le 5 septembre 2011.
https://web.archive.org/web/20120320184525/http://www.insideiran.org/featured/how-iran-keeps-assad-in-power-in-syria/

Al-KHOEI Hayder, « Syria : the view from Iraq », sur *European Council on foreign regions* [En ligne], publié le 14 juin 2013
https://ecfr.eu/article/commentary_syria_the_view_from_iraq136/

AOUN Alexandre, « La présence iranienne en Syrie contre vents et marées » sur *Sputnik News* [En ligne], publié le 7 décembre 2021.
https://fr.sputniknews.com/20211207/la-presence-iranienne-en-syrie-contre-vents-et-marees--1053835751.html

AREFI Armin, « Des forces iraniennes présentes en Syrie », sur *Le Point* [En ligne], publié le 30 mai 2012.
https://www.lepoint.fr/monde/des-forces-iraniennes-presentes-en-syrie-30-05-2012-1466805_24.php

ASADZADE Peyman, Iran's involvement in Syria is costly. Here's why most Iranians still support it, sur *The Washington Post* [En ligne], publié le 19 octobre 2017.
https://www.washingtonpost.com/news/monkey-cage/wp/2017/10/19/irans-involvement-in-syria-is-costly-heres-why-most-iranians-still-support-it/

BARTHE Benjamin, « Les enfants de Deraa, l'étincelle de l'insurrection syrienne », sur *Le Monde* [En ligne] publié le 8 mars 2013.

https://www.lemonde.fr/international/article/2013/03/08/les-enfants-de-deraa-l-etincelle-de-l-insurrection_1845327_3210.html
BEN ODRAN Saleh, La Russie et l'Iran placent leurs pions en Syrie, sur *Slate* [En ligne], publié le 9 mai 2019.
http://www.slate.fr/story/176643/syrie-russie-strategie-hegemonie
BOMATI Yves, « Comment l'Iran est devenu chiite », sur *Histoire et Civilisations* [En ligne], publié le 15 mars 2021.
https://www.histoire-et-civilisations.com/thematiques/epoque-moderne/comment-liran-est-devenu-chiite-71455.ph
DJALILI Mohammad-Reza et KELLNER Thierry, « L'Iran face à la crise syrienne », sur *DiploWeb* [En ligne], publié le 7 septembre 2014.
https://www.diploweb.com/L-Iran-face-a-la-crise-syrienne.html?fbclid=IwAR0BnQVLkGSN_qbtErbjCUharCJu-Jwo2HU2-f7tPMh_4uJTD9lrlY3i980Q#nh55
DE SAINT PERIER Laurent, « Syrie : la guerre d'Asaad contre Assad », dans *Jeune Afrique* [En ligne], publié le 15 novembre 2011.
https://www.jeuneafrique.com/189418/politique/syrie-la-guerre-d-asaad-contre-assad/
FAGHINI Rohollah, *La Russie veut que l'Iran quitte la Syrie, mais les Iraniens ne le voient pas d'un bon œil*, dans *Middle East Eye* [en ligne], publié le 31 mai 2018.
https://www.middleeasteye.net/fr/reportages/la-russie-veut-que-liran-quitte-la-syrie-mais-les-iraniens-ne-le-voient-pas-dun-bon-oeil
GOODARZI Jubin, « L'Iran et la Syrie à la croisée des chemins » sur *Wilson Center* [En ligne], publié le 20 juin 2013 (Traduit de l'anglais).
https://www.wilsoncenter.org/event/iran-and-syria-the-crossroads
GRAJEWSKI Nicole, « The Evolution of Russian and Iranian Cooperation in Syria » sur *Center for Strategic and International Studies* (CSIS) [En ligne], publié le 17 novembre 2021.
https://www.csis.org/analysis/evolution-russian-and-iranian-cooperation-syria
HENNION Cécile, « Le corps mutilé de Hamza Al-Khatib est devenu un emblème de la révolte syrienne », dans *Le Monde* [En ligne], publié le 3 juin 2011.
https://www.lemonde.fr/proche-orient/article/2011/06/03/le-corps-mutile-de-hamza-al-khatib-est-devenu-un-embleme-de-la-revolte-syrienne_1531443_3218.html ?
JACQUES Nériah, LES LÉGIONS ÉTRANGÈRES IRANIENNES EN SYRIE, sur Centre Français du Renseignement [En ligne], publié en juillet 2017,
https://cf2r.org/foreign/7152-2/

JAULMES Adrien, « La vague de désertions enfle au sein de l'armée syrienne », dans *Le Figaro* [En ligne], publié le 20 juillet 2012.
https://www.lefigaro.fr/international/2012/07/20/01003-20120720ARTFIG00495-la-vague-de-desertions-enfle-au-sein-de-l-armee-syrienne.php

KHALAJI Mehdi, The Zarif Tape : Revelations on Russia, the Qods Force, and Iran's Election, sur *The Washington Institute For Near East Policy* [En ligne], publié le 29 avril 2021.
https://www.washingtoninstitute.org/policy-analysis/zarif-tape-revelations-russia-qods-force-and-irans-election

KILANI Abdulaziz, Jordan's Diplomacy in Syria, Part 2, sur *Newlines Institutes for strategy and policy* [En ligne], publié le 10 novembre 2021.
https://newlinesinstitute.org/jordan/jordans-diplomacy-in-syria-part-2/

PAULET Alicia, Iran : l'État islamique revendique le double attentat de Téhéran, sur *Le Figaro* [En ligne], publié le 7 juin 2017.
https://www.lefigaro.fr/international/2017/06/07/01003-20170607ARTFIG00104-iran-deux-attaques-simultanees-en-plein-coeur-de-teheran.php

PRIER Pierre et SUCHKOV Maxim.A, Syrie. Subtil jeu d'équilibre de la Russie entre Israël et l'Iran, dans *Orient XXI* [En ligne], publié le 4 juin 2018.
https://orientxxi.info/magazine/syrie-subtil-jeu-equilibre-de-la-russie-entre-israel-et-l-iran,2490

RODIER Alain, « Syrie-Iran. Guerre secrète entre alliés », Centre Français de Recherche sur le Renseignement, *Note d'actualité n° 146*, publiée le 16 novembre 2008.
https://cf2r.org/actualite/syrie-iran-guerre-secrete-entre-allies/

ROHALLAH Faghini, « How Syria is pushing Egypt and Iran closer » sur *Al-Monitor* [En ligne], publié le 18 octobre 2016.
https://www.al-monitor.com/originals/2016/10/iran-egypt-relations-syria-assad-saudi.html#ixzz7UQHYGBXA

ROWAN Mattisan, Part 2: Iran in Syria Timeline, sur *United States Institute of Peace* [En ligne], publié le 10 avril 2018.
https://iranprimer.usip.org/blog/2018/apr/10/iran-syria-2-timeline

STEPHAN Laure, « L'armée syrienne soumet Jisr Al-Choghour à une répression implacable et meurtrière », dans *Le Monde* [En ligne], publié le 13 juin 2011.
https://www.lemonde.fr/proche-orient/article/2011/06/13/l-armee-syrienne-soumet-jisr-al-choghour-a-une-repression-implacable-et-meurtriere_1535407_3218.html

YILMAZ Özcan, « Syrie : Ankara contre Téhéran ? », sur *Politique étrangère*, 2014/3 (Automne), p. 121-131.
www.cairn.info/revue-politique-etrangere-2014-3-page-121.htm

« 8-13 novembre 1987 - Iran – Irak. Le conflit Iran-Irak au centre du sommet arabe d'Amman », sur *Encyclopædia Universalis* [En ligne]
https://www.universalis.fr/evenement/8-13-novembre-1987-iran-irak-le-conflit-iran-irak-au-centre-du-sommet-arabe-d-amman/

« Après le sommet d'Amman La Syrie réprouve la condamnation de l'Iran et affirme que sa position envers Téhéran reste « inchangée « », sur *Le Monde* [En ligne], publié le 14 novembre 1987.
https://www.lemonde.fr/archives/article/1987/11/14/apres-le-sommet-d-amman-la-syrie-reprouve-la-condamnation-de-l-iran-et-affirme-que-sa-position-envers-teheran-reste-inchangee_4074296_1819218.html

« Attentats à Téhéran : les assaillants étaient Iraniens et avaient combattu en Irak et en Syrie », sur France 24 [En ligne], publié le 8 juin 2017.
https://www.france24.com/fr/20170608-iran-attaque-teheran-membres-ei-terrorisme-parlement-mausolee-irak-syrie-bilan

« En Syrie, la Russie et l'Iran se partagent les dividendes de la paix », sur *Sputnik news* [En ligne], publié le 22 novembre 2021
https://fr.sputniknews.com/20211122/en-syrie-la-russie-et-liran-se-partagent-les-dividendes-de-la-paix-1053547391.html

« Entre les pays du golfe et l'Iran, le jeu d'équilibriste de Bachar al-Assad », sur *Sputnik France* [En ligne], publié le 15 novembre 2021.
https://fr.sputniknews.com/20211115/entre-les-pays-du-golfe-et-liran-le-jeu-dequilibriste-de-bachar-el-assad-1052615667.html

« France says 3,000-4,000 Hezbollah are fighting in Syria », publié sur *Reuters* [En ligne], publié le 29 mai 2013.
https://www.reuters.com/article/us-syria-crisis-france-hezbollah-idUSBRE94S19U20130529

« HRW report about afghan send to Syria », dans *BBC* [En ligne], publié le 1er février 2016. https://www.bbc.com/persian/afghanistan/2016/01/160130_k05_hrw_report_about_afghan_send_to_syria

« Iran Arms Syria With Radar », sur *Wall Street Journal* [En ligne], publié le 30 juin 2010.
http://online.wsj.com/article/NA_WSJ_PUB : SB10001424052748703426004575338923106485984.html

« Iran fires missiles at ISIS in Syria for Tehran attacks », sur *Tehran News* [En ligne], publié le 19 juin 2017.

https://www.tehrantimes.com/news/414399/Iran-fires-missiles-at-ISIS-in-Syria-for-Tehran-attacks

«Iran : funérailles des victimes des attentats, arrestations de suspects», sur *Le Point* [En ligne], publié le 9 juin 2017.
https://www.lepoint.fr/monde/foule-immense-aux-funerailles-des-victimes-des-attentats-en-iran-09-06-2017-2134046_24.php

«Iran helping Syrian regime crack down on protesters, say diplomats», sur *Le Guardian* [En ligne], publié le 9 mai 2011.
https://www.theguardian.com/world/2011/may/08/iran-helping-syrian-regime-protesters

«Iran, Hezbollah assisting in Syria protest suppression» sur *Jerusalem Post* [En ligne], publié le 27 mars 2011.
https://www.jpost.com/Middle-East/Iran-Hezbollah-assisting-in-Syria-protest-suppression

«Israël bombarde la Syrie et met Bachar al-Assad en porte à faux», sur *Sputnik news* [En ligne], publié le 28 décembre 2020.
https://fr.sputniknews.com/20211228/israel-bombarde-la-syrie-et-met-bachar-el-assad-en-porte-a-faux--1054103284.html

«L'alliance syrienne «restera forte», sur *Gulf News* [En ligne], publié le 4 août 2013.
https://gulfnews.com/world/mena/syria-alliance-will-stay-strong-1.1216608

«L'Iran va participer à la modernisation de l'armée syrienne», sur *L'Orient – Le Jour* [En ligne], publié le 11 mars 1997.
https://www.lorientlejour.com/article/225110/LIran_va_participer_a_la_modernisation_de_larmee_syrienne.html

La Constitution de la République Islamique d'Iran, Editions Alhoda, Téhéran, 2010, page 29.
http://www.ebrahimemad.net/as-iran/la-constitution-de-la-republique-islamique-d-iran.pdf

«La Syrie réaffirme son appui à l'allié iranien», sur L'Orient-Le jour [En ligne], publié le 2 novembre 2022.
https://www.lorientlejour.com/article/1316707/la-syrie-reaffirme-son-appui-a-lallie-iranien.html

«Medvedev et Ahmadinejad s'entendent sur le rejet de toute ingérence en Syrie», sur *La Dépêche du Midi* [En ligne], publié le 22 février 2012.
https://www.ladepeche.fr/article/2012/02/22/1290506-medvedev-et-ahmadinejad-s-entendent-sur-le-rejet-de-toute-ingerence-en-syrie.html

«Pour Damas, un retrait de l'Iran, de la Russie et du Hezbollah n'est «pas à l'ordre du jour»», dans *L'Orient-Le Jour* [En ligne], publié le 23 mai 2018.
https://www.lorientlejour.com/article/1117164/pour-damas-un-retrait-de-liran-de-la-russie-et-du-hezbollah-nest-pas-a-lordre-du-jour.html
«President al-Assad congratulates Iranian President Ebrahim Raisi on winning Presidential election», sur *SANA* [En ligne], publié le 19 juin 2021.
https://sana.sy/en/?p=238424
«Que visaient les premières frappes russes en Syrie?» dans *Le Monde* [En ligne] publié le 1er octobre 2015.
https://www.lemonde.fr/proche-orient/article/2015/09/30/poutine-autorise-a-envoyer-des-soldats-a-l-etranger_4777870_3218.html
«Relations Iran-Syrie – Un mariage de convenance ou un axe de résistance?» sur *European Security and Defence* [En ligne], publié le 18 juin 2019. (Traduit de l'anglais).
https://euro-sd.com/2019/06/articles/13604/relations-between-iran-and-syria-a-marriage-of-convenience-or-an-axis-of-resistance/
« Russia and Iran Divide up Syria's Security », sur *The Syrian Observer* [En ligne], publié le 8 avril 2019
https://syrianobserver.com/features/49638/russia-and-iran-divide-up-syrias-security.html
«Russia announced use of Hamedan airbase without prior notice», sur *Mehr News Agency* [En ligne], publié le 22 août 2016.
https://en.mehrnews.com/news/119130/Russia-announced-use-of-Hamedan-airbase-without-prior-notice
« Stratégie. L'Iran cherche à s'implanter durablement dans l'est de la Syrie », sur *Courrier International* [En ligne], publié le 11 février 2022
https://www.courrierinternational.com/article/strategie-liran-cherche-simplanter-durablement-dans-lest-de-la-syrie?
«Syrie : Téhéran réitère son soutien au plan Annan», sur *Le Monde* [En ligne], publié le 10 juillet 2012.
https://www.lemonde.fr/proche-orient/article/2012/07/10/syrie-teheran-reitere-son-soutien-au-plan-annan_1731685_3218.html
«Syrian Revolution 120 months on : 594,000 persons killed and millions of Syrians displaced and injured», sur *Observatoire syrien des droits de l'Homme* [En ligne], publié le 14 mars 2021.
https://www.syriahr.com/en/209018/

« Téhéran annonce avoir attaqué des « terroristes » en Syrie en représailles à un attentat », sur *France* 24 [En ligne], publié le 1er octobre 2018.
https://www.france24.com/fr/20181001-iran-syrie-teheran-terroristes-syrie-represailles-attentat-Ahvaz-ei
« Téhéran dément l'existence de projets visant à faire partir Assad », sur Sputnik France {En ligne], publié le 18 mai 2020.
https://fr.sputniknews.com/20200518/teheran-dement-lexistence-de-projets-visant-a-faire-partir-assad-1043799656.html
« Téhéran et Damas signent un accord de coopération militaire », sur *Le Monde* [En ligne], publié le 16 juin 2006.
https://www.lemonde.fr/international/article/2006/06/16/teheran-et-damas-signent-un-accord-de-cooperation-militaire_784384_3210.html
« UK to Iran : Stop military aid to Syria's Assad, work for peace », sur *Reuters* [En ligne], publié le 21 janvier 2014.
https://www.reuters.com/article/uk-syria-ccrisis-britain-idAFBREA0K0ZK20140121
« محمود احمدی‌نژاد: ایران و حزب‌الله لبنان نباید در سوریه دخالت کنند », sur *Didbaniran* [En ligne], publié le 24 février 2021.
http://www.didbaniran.ir/fa/tiny/news-102734

Index

A

Achéménide 126
Ahmadinejad Mahmoud 30, 31, 37, 50, 51, 55, 70, 71, 98, 167, 234, 235, 250
Ahrar al-Cham 95
Ahrar al-Sham 178
alaouites 19
Alep 62, 90, 109, 112, 113, 115, 116, 117, 140, 141
Alexandre Lavrentiev 146
al-Kadhimi 101
Allemagne 18, 162
al-Maliki 54, 88, 100
al-Nosra 66, 160
al-Qaida 160
al-Qods 56, 57, 68, 69, 70, 169, 175, 199, 200, 204, 208, 211, 218
Al-Sissi 89, 104
Amal 34, 40, 41
Amir Hatami 193, 211
Annan 181, 182, 183, 251
Arabie saoudite 33, 42, 61, 85, 89, 94, 97, 98, 104, 157, 177, 178, 179, 180, 224, 228
Armée Syrienne Libre 15, 46, 94, 183
Asaïb Ahl al-Haq 112
Astana 185, 186, 187, 189
attentat du Drakkar 34

B

Bachar al-Assad 10, 19, 21, 30, 36, 37, 38, 40, 41, 42, 43, 47, 49, 50, 51, 52, 53, 56, 57, 59, 60, 61, 65, 67, 70, 72, 73, 74, 75, 77, 79, 81, 82, 83, 86, 88, 90, 91, 92, 94, 95, 97, 99, 100, 101, 103, 104, 120, 122, 135, 136, 143, 146, 168, 178, 183, 195, 196, 208, 210, 215, 216, 217, 218, 219, 220, 226, 227, 228, 229, 231, 239, 240, 242, 245, 249, 250
Badr 111, 114
baha'is 25, 28
Bahreïn 97
Ban Ki-moon 45
bassijs 118
Biden 101, 164

C

CGRI 15, 69, 108, 112, 113, 114, 141, 145, 166, 169, 175, 176, 234
Chatt-el-Arab 32
Chine 54, 90, 104, 162, 183, 192
Clinton 87
Comité de coopération supérieur conjoint 35
Conseil de sécurité 90, 187, 192
Conseil National Syrien 47, 99
Corridor 126

D

Daesh 18, 19, 82, 86, 93, 110, 117, 124, 136, 137, 138, 139, 159, 160, 161, 168, 172, 183, 197, 201, 211, 220, 221, 222, 223, 224, 225, 226, 235, 236
Damas 18, 19, 23, 32, 36, 38, 39, 40, 41, 42, 46, 47, 52, 57, 60, 61, 62, 64, 67, 70, 72, 79, 86, 87, 88, 90, 91, 95, 97, 100, 101, 102, 109, 110, 112, 113, 114, 115, 116, 118, 119, 120, 124, 136, 138, 145, 147, 160, 162, 163, 165, 168, 169, 171, 178, 181, 183, 185, 188, 194, 195, 196, 197, 198, 199, 204, 209, 210, 211, 215, 216, 219, 224, 226, 229, 234, 235, 237, 251, 252
Davutoğlu 99
Deir ez-Zor 109, 113, 141
Deraa 43, 44, 116, 185, 246
Division des Fatimides 107, 108, 109
druzes 23

E

Eau 15, 94, 104, 228
Egypte 32, 42, 43, 49, 50, 57, 62, 88, 89, 104, 168, 217, 228
Emirats Arabes Unis 15, 88, 97
Erbil 160, 169
Etats-Unis 39, 44, 50, 61, 97, 101, 103, 111, 148, 157, 158, 159, 160, 161, 162, 163, 165, 166, 189

F

Fabius 102
FDL 15, 116
FDN 15, 115
France 18, 24, 30, 31, 34, 38, 63, 81, 82, 84, 102, 119, 148, 163, 166, 183, 218, 246, 249, 252

G

Genève 181, 183, 188, 189
Golan 24, 67, 122, 168, 169

H

Hafez al-Assad 24, 25, 28, 29, 31, 37, 41
Hamadan 93, 141
Harakat al Nujaba 112
Hassan Nasrallah 105, 119, 121, 235
Hazara 107, 108, 109, 110
Hezbollah 17, 34, 40, 41, 51, 52, 56, 60, 71, 91, 95, 96, 98,

Index 255

102, 105, 109, 113, 118, 119,
120, 121, 122, 123, 124,
147, 148, 165, 168, 171,
172, 174, 193, 194, 195,
196, 199, 200, 201, 202,
204, 205, 206, 207, 213,
233, 234, 235, 242, 243,
249, 250, 251
Hmeimim 145, 148
Homs 38, 44
Houthis 96

I

Idleb 102, 116, 140, 141, 185, 187, 188, 189, 190
Irak 26, 31, 32, 33, 34, 54, 60, 66, 72, 83, 86, 87, 91, 96, 101, 102, 103, 104, 105, 108, 110, 111, 112, 113, 114, 115, 119, 131, 132, 133, 137, 146, 158, 159, 160, 161, 164, 165, 166, 167, 169, 175, 184, 195, 196, 198, 214, 220, 221, 223, 226, 227, 249
Iran 9, 10, 11, 12, 13, 14, 17, 19, 21, 22, 23, 25, 26, 27, 28, 29, 30, 31, 32, 33, 34, 35, 36, 37, 38, 39, 40, 41, 42, 47, 48, 49, 50, 51, 52, 53, 54, 55, 56, 57, 59, 60, 61, 62, 63, 64, 65, 66, 67, 68, 69, 70, 71, 72, 73, 75, 77, 78, 79, 80, 81, 82, 83, 84, 86, 87, 88, 89, 90, 91, 92, 93, 94, 95, 96, 97, 98, 99, 100, 101, 102, 103, 104, 105, 107, 108, 109, 110, 111, 112, 113, 114, 115, 116, 117, 118, 119, 120, 121, 122, 123, 125, 126, 127, 128, 129, 130, 131, 132, 133, 134, 135, 136, 137, 138, 139, 140, 141, 142, 143, 144, 145, 146, 147, 148, 149, 156, 157, 158, 159, 160, 161, 162, 163, 164, 165, 166, 167, 168, 169, 170, 171, 175, 176, 177, 179, 181, 183, 184, 185, 186, 187, 188, 189, 192, 193, 194, 195, 196, 197, 198, 199, 202, 205, 206, 208, 209, 210, 211, 212, 213, 214, 215, 216, 217, 218, 219, 220, 221, 222, 223, 224, 226, 227, 228, 229, 230, 231, 233, 234, 235, 236, 237, 245, 246, 247, 248, 249, 250, 251, 252
Israël 11, 12, 24, 32, 33, 34, 37, 38, 41, 44, 52, 57, 60, 67, 85, 94, 103, 104, 112, 122, 132, 134, 140, 143, 147, 148, 154, 156, 157, 165, 166, 167, 168, 169, 170, 171, 172, 174, 175, 176, 177, 180, 199, 209, 210, 211, 212, 218, 219, 224, 236, 237, 242, 245, 248, 250

J

Jaish al-Fatah 178
Javad Zarif 137, 164, 188
Jaysh al-Fatah 140
Jisr al-Choghour 45, 234
Jordanie 42, 94, 97, 100, 104, 178

K

Kerry 88
Khamenei 13, 60, 62, 93, 112, 113, 121, 157, 161, 175, 220, 222, 224, 236
Khomeiny 26, 28, 30, 31, 33, 221
Koweït 33, 94, 97, 101, 104, 184
Kurdes 17, 94, 95, 96, 146, 197

L

Légion étrangère iranienne 124
Légion iranienne 168, 169, 171, 177
Liban 24, 34, 38, 40, 41, 49, 52, 60, 66, 70, 96, 102, 103, 105, 118, 119, 120, 122, 165, 167, 168, 171, 172, 194, 195, 199, 206, 214, 227
Ligue arabe 183
Liwa 'Abu el-Fadl el-Abbas 113
Liwa 'Al-Imam Hassan Al-Mujtaba 114
Liwa 'Al-Imam Hussein 114
Liwa 'Ammar Ben Yasser 113
Liwa Saada 118
Liwa Zainebiyoun 117, 118
Liwa 'zul-Fiqar 113

M

Méditerranée 86
Mohamed Mahala 145
Mohammed al-Fares 197
Mohsen Chizari 56
Morsi 88
Moscou 135, 136, 137, 141, 146, 147, 148, 149, 150, 156, 162, 169, 177, 210, 211

Mouvement Vert 94
Mukhabarat 56
Mustafa Javed Jafari 208

N

Netanyahu 175
Nosaïris 24

O

OMPI 16, 73, 102
ONU 16, 83, 162, 181, 182, 184, 187, 188, 189, 192
Ormuz 39, 175

P

Pahlavi 26
Pakistan 104, 117, 158
Palestine 90
Parthes 126
Perse 25, 126, 128, 129
processus d'Astana 186
Proche-Orient 126

Q

Qatar 87, 94, 97, 104, 184, 228

R

Raïssi 73
Raqqa 197, 223
Rohani 71, 72, 161, 163, 221, 239
Rojava 66, 95, 96
Royaume-Uni 18, 62, 63, 103, 159, 163, 183
Russie 12, 17, 48, 61, 71, 85, 86, 92, 95, 96, 98, 100, 101, 104, 122, 135, 136, 137, 138, 139, 140, 142, 143, 145,

146, 147, 148, 149, 150, 151, 152, 153, 154, 156, 162, 176, 183, 184, 185, 187, 188, 192, 193, 210, 211, 212, 214, 215, 216, 218, 219, 228, 229, 230, 231, 235, 236, 237, 245, 247, 248, 249, 251

S

Saraya al-Khorasani 114
Shariati Ali 62, 64
Sassanides 126
Sayyida Zaynab 194
Sergey Vershinin 216
Sergueï Choïgou 136
Shariati 62
Soleimani 89, 91, 108, 112, 136, 137
Sotchi 187, 188, 189
Syrie 9, 10, 12, 18, 19, 21, 22, 23, 24, 29, 30, 31, 32, 33, 34, 35, 36, 37, 38, 39, 40, 41, 42, 45, 47, 48, 49, 50, 51, 52, 53, 54, 56, 57, 59, 60, 61, 62, 64, 65, 66, 67, 68, 69, 70, 71, 72, 73, 74, 75, 77, 78, 79, 80, 81, 82, 83, 84, 85, 86, 87, 88, 89, 90, 91, 92, 93, 94, 95, 96, 97, 98, 99, 100, 101, 102, 103, 104, 105, 106, 108, 109, 110, 112, 113, 115, 116, 117, 118, 119, 120, 121, 122, 123, 124, 125, 126, 128, 129, 130, 131, 132, 133, 135, 136, 137, 138, 139, 140, 141, 142, 143, 145, 146, 147, 148, 156, 157, 160, 161, 162, 163, 164, 165, 167, 168, 169, 171, 172, 175, 176, 177, 178, 179, 181, 183, 184, 185, 186, 187, 188, 189, 190, 192, 193, 194, 195, 196, 198, 199, 200, 202, 206, 208, 209, 210, 211, 212, 213, 214, 215, 216, 217, 218, 219, 220, 221, 223, 225, 226, 227, 228, 229, 230, 231, 233, 234, 235, 236, 237, 239, 240, 241, 242, 245, 246, 247, 248, 249, 250, 251, 252

T

Téhéran 10, 13, 18, 19, 26, 27, 31, 34, 36, 37, 38, 39, 40, 41, 42, 45, 50, 51, 57, 59, 60, 61, 62, 63, 66, 67, 69, 70, 74, 75, 88, 89, 90, 91, 95, 96, 98, 99, 100, 101, 102, 104, 108, 110, 111, 117, 118, 121, 122, 124, 126, 131, 132, 133, 135, 141, 146, 147, 156, 158, 159, 160, 162, 165, 166, 167, 168, 169, 171, 172, 175, 177, 178, 179, 183, 189, 190, 192, 194, 195, 197, 206, 208, 210, 211, 216, 218, 219, 220, 221, 224, 226, 227, 229, 230, 231, 248, 249, 250, 251, 252
Trump Donald 211, 222
Turquie 17, 46, 52, 61, 94, 97, 98, 99, 100, 102, 104, 146,

148, 153, 183, 184, 185, 186, 187, 190, 192, 245

U

UE 92
Ukraine 12, 13, 212, 219, 230, 237
Union européenne 68, 184

V

Vladimir Poutine 122, 142, 146, 188, 190

W

Washington 197, 211, 224

Y

Yémen 42, 49, 89, 96, 118, 179

Z

Zaynab 62, 75, 110, 114, 115, 117
zoroastriens 26, 28

Table des matières

Remerciements 7
Préface 9
Abréviations utilisées 15
Avant-propos 17
Introduction.
la Syrie et l'Iran : entre convergences et divergences 21
    L'espace religieux complexe de la Syrie et de l'Iran 22
    Deux fonctionnements de régimes similaires 29
    Iran-Syrie : une alliance régionale contre nature ? 31
    Le poids géopolitique inégal
    de l'alliance irano-syrienne 39
    L'éclatement de la guerre civile syrienne 42

**CHAPITRE 1. La volonté iranienne de non-ingérence
au début du conflit** 49
    L'Iran face à ses contradictions sur les Printemps
    arabes et les pressions exercées sur la Syrie 50
    L'Iran face à un choix déterminant 51
    Le soutien multiforme iranien au régime de Damas 52
    Les prémices d'un interventionnisme iranien
    plus offensif 55

CHAPITRE 2. L'interventionnisme de l'Iran en Syrie .. 59
    Les facteurs poussant l'Iran à intervenir en Syrie 60
    Les objectifs stratégiques de l'intervention iranienne
    en Syrie 65

L'embarras des autorités iraniennes à l'annonce
de l'intervention en Syrie 68
L'unisson des alternances politiques
en Iran sur la question syrienne 70

CHAPITRE 3. Analyse juridique de l'intervention de l'Iran en Syrie 77

La notion de guerre civile selon le droit international
public 78
L'interdiction de l'assistance d'État tiers
dans une situation de guerre civile 79
L'argumentaire utilisé par l'Iran
pour justifier son intervention en Syrie 80

CHAPITRE 4. Les réactions à l'engagement iranien en Syrie 85

Les réactions favorables à l'intervention iranienne 86
Les réactions défavorables à l'intervention iranienne 94

CHAPITRE 5. Les milices chiites en Syrie : la Légion étrangère de l'Iran 105

Les milices afghanes : la division des Fatimides 107
Les milices irakiennes sous l'emprise de Téhéran 110
Les milices syriennes : le modèle de milicialisation
de l'Irak en ligne de mire 115
Les milices pakistanaise et yéménite :
des supplétifs supplémentaires 117
Le Hezbollah libanais : une intervention contrainte
en Syrie ? 118

CHAPITRE 6. La Syrie : vecteur d'une ambition iranienne en mer Méditerranée ? 125

L'Histoire méditerranéenne et navale de l'Iran 126
La mer Méditerranée : un enjeu géopolitique
majeur pour l'Iran ? 129

La véritable stratégie de l'Iran en mer Méditerranée :
une logique de sanctuarisation via le pivot syrien 130

**CHAPITRE 7. L'Iran : partenaire régional
de Moscou dans le dossier syrien ?** 135
    L'Iran : l'intermédiaire facilitant l'intervention russe
    en Syrie ? 136
    Les objectifs stratégiques divergents des deux pays ... 139
    Les défis opérationnels de la coopération
    russo-iranienne en Syrie 140
    Les défis géopolitiques de la coopération
    russo-iranienne en Syrie 143
    La guerre en Ukraine redistribue-t-elle les cartes
    entre la Russie et l'Iran en Syrie ? 149

**CHAPITRE 8. La confrontation des Iraniens,
des États-Unis et de leurs alliés en Syrie** 157
    Iran-Etats-Unis : un affrontement de plus
    en plus direct mais circonstancié 158
    Iran-Israël : la Syrie au cœur d'une guerre régionale
    secrète 167
    Iran-Arabie saoudite : une opposition
    régionale marquée 177

**CHAPITRE 9. Les efforts internationaux
de l'Iran pour la paix en Syrie** 181
    L'Iran et les conférences internationales sous
    l'égide de l'ONU sur la Syrie 181
    L'Iran et les conférences régionales
    de paix excluant l'ONU :
    le symbole d'un axe Moscou-Téhéran-Ankara ? 184

CHAPITRE 10. Les conséquences multiples du soutien iranien à la Syrie 193
    L'émergence d'une véritable politique syrienne de l'Iran 194
    La pénétration de tout le territoire syrien par l'Iran 199
    Le poids de la présence iranienne sur la Syrie 208
    L'accentuation de signatures d'accords militaires entre Damas, Moscou et Téhéran 210
    Les coûts économiques de l'intervention iranienne en Syrie 212
    Les « dividendes de la paix » à se partager entre parrains du régime 214
    L'avenir incertain de Bachar al-Assad 217
    L'Iran frappé par des attentats meurtriers 220

Conclusion et scénarii de prospective 227
    Le retour de la Syrie dans la Ligue arabe et jeu d'équilibriste de la Syrie 229
    Bachar al-Assad et son régime se font renverser 229
    Libanisation de la Syrie 230
    L'érosion de l'influence russe en Syrie en raison de la guerre en Ukraine 230
    Statut quo 231

Frise chronologique 233
Postface 239
Bibliographie 245
Index 253

L'IRAN
aux éditions L'Harmattan
Dernières parutions

LA QUÊTE D'ALTER EGO.
Pérégrinations d'une âme franco-iranienne
Ninou Garabaghi
Préface de Bertrand Badie
Postface de Françoise Dastur

Philosophique, socioéconomique, écologique et politique, ce livre est une insolite chevauchée d'une âme en quête de réponses à des questions existentielles. L'auteure nous entraîne dans un parcours initiatique semé d'embûches qu'étayent poèmes, fables, aphorismes et calligraphies. Elle nous révèle comment son alter ego a réussi à se libérer de la camisole du mal-être existentiel en parvenant à résoudre, voire transcender les problèmes qui l'empêchaient d'accéder à la joie de vivre au quotidien, notamment à travers le principe zoroastrien de l'acte juste et l'expérience mystique de l'acquiescement. Elle nous invite à méditer sur la question de l'évidement de son Moi qui permet à l'être parfait (Ensan-e Kâmel, en persan) de vivre des moments de béatitude en devenant le réceptacle de son Soi. Elle termine par un regard croisé lucide sur les deux crises insurrectionnelles de 1979 et de 2022 dans son pays natal, et révèle un document inédit susceptible de changer le cours de l'histoire pour autant qu'il puisse atteindre ses destinataires.

LE CULTE DE MITHRA DU MONT-DOL AU MONT-SAINT-MICHEL.
Investigation historique et archéologique.
Laurent Garreau Jean Claude Voisin
Préface de Delphine Davy

La rivalité historique entre ces deux hauts lieux, sentinelles respectives des régions normande et bretonne, fut tant spirituelle que politique. Les auteurs, après une enquête archéologique et une analyse critique des sources anciennes, démontent une idée développée au XVIIIe siècle : la présence d'un mithraeum au sommet du Mont-Dol. Mais si la présence d'un culte dédié au dieu perse n'a pu être démontrée, il n'en demeure pas moins que le Mont-Dol fut un haut lieu de la spiritualité, avant une récupération par les promoteurs du sanctuaire du Mont-Saint-Michel, Pippinides puis Carolingiens, dont les motivations furent spirituelles et politiques. L'analogie avec le dieu perse Mithra n'est cependant pas abandonnée, et les auteurs abordent la récupération de son culte par le christianisme en la personne de l'archange Michel, dieu des armées et des frontières, notamment chez les Carolingiens.

LA RÉVOLUTION IRANIENNE DANS LE QUOTIDIEN IRAKIEN ATH-THAWRA
Patricia Pic-Sernaglia
Préface de Pierre-Jean Luizard

L'Iran connaît aujourd'hui des soubresauts insurrectionnels. Sans présager de l'aboutissement d'une révolution, il est intéressant d'observer l'attitude et la perception d'un pays limitrophe face à des événements de cette nature, d'autant que la géographie détermine souvent l'histoire. Cet ouvrage appréhende les réactions du pouvoir irakien face au phénomène révolutionnaire naissant, aboutissant en février 1979 au renversement du régime du Chah. Pour cela, l'auteure a procédé au dépouillement et à la traduction d'articles du quotidien irakien Ath-Thawra (février 1979-septembre 1980) qui montrent les craintes que suscita la Révolution iranienne chez les autorités irakiennes et comment ces dernières ont réagi. D'autant qu'au-delà de la frontière, les enjeux sont importants : pétrolier, religieux, ethnique et nationaliste.

L'IRAN SOUS SANCTIONS. Une société sous pression
Joris Cuynet. Préface de Michel Makinsky

Les sanctions états-uniennes et internationales prises à l'encontre de l'Iran depuis 1979 ont affaibli cette économie majeure du Moyen-Orient, qui vit sous un embargo quasi total depuis les années 2010. Cet embargo, qui a pour objectif de mettre un terme au programme nucléaire et aux activités du régime islamique en dehors de ses frontières, a en réalité particulièrement touché les Iraniens. Ce livre dresse un panorama des conséquences économiques, politiques, sanitaires et sociales de ces sanctions dans leur vie quotidienne. Derrière cette présentation, l'utilité de ces sanctions est questionnée: et si l'Occident avait manqué sa cible ? Étayé de chiffres et de témoignages, et au-delà des seules considérations économiques, cet ouvrage s'interroge sur les bouleversements causés aux Iraniens par ce type de sanctions.

Structures éditoriales du groupe L'Harmattan

L'Harmattan Italie
Via degli Artisti, 15
10124 Torino
harmattan.italia@gmail.com

L'Harmattan Hongrie
Kossuth l. u. 14-16.
1053 Budapest
harmattan@harmattan.hu

L'Harmattan Sénégal
10 VDN en face Mermoz
BP 45034 Dakar-Fann
senharmattan@gmail.com

L'Harmattan Congo
219, avenue Nelson Mandela
BP 2874 Brazzaville
harmattan.congo@yahoo.fr

L'Harmattan Cameroun
TSINGA/FECAFOOT
BP 11486 Yaoundé
inkoukam@gmail.com

L'Harmattan Mali
ACI 2000 - Immeuble Mgr Jean Marie Cisse
Bureau 10
BP 145 Bamako-Mali
mali@harmattan.fr

L'Harmattan Burkina Faso
Achille Somé – tengnule@hotmail.fr

L'Harmattan Togo
Djidjole – Lomé
Maison Amela
face EPP BATOME
ddamela@aol.com

L'Harmattan Guinée
Almamya, rue KA 028 OKB Agency
BP 3470 Conakry
harmattanguinee@yahoo.fr

L'Harmattan RDC
185, avenue Nyangwe
Commune de Lingwala – Kinshasa
matangilamusadila@yahoo.fr

L'Harmattan Côte d'Ivoire
Résidence Karl – Cité des Arts
Abidjan-Cocody
03 BP 1588 Abidjan
espace_harmattan.ci@hotmail.fr

Nos librairies en France

Librairie internationale
16, rue des Écoles
75005 Paris
librairie.internationale@harmattan.fr
01 40 46 79 11
www.librairieharmattan.com

Librairie des savoirs
21, rue des Écoles
75005 Paris
librairie.sh@harmattan.fr
01 46 34 13 71
www.librairieharmattansh.com

Librairie Le Lucernaire
53, rue Notre-Dame-des-Champs
75006 Paris
librairie@lucernaire.fr
01 42 22 67 13